대박나는
디지털 마케팅

프 롤 로 그

대학에서 디지털 마케팅 관련 강의를 하면서 학생들을 만났다. 디지털 마케팅을 처음 접하는 학생들이 공부하기에, 관련 서적이 너무 어렵다는 사실을 알게 되었다.

「디지털 마케팅」이란 용어는 많이 들어서 알고 있는듯했지만, 이것의 의미와 실행방법은 모르는 경우가 많았다. 그래서 디지털 마케팅을 접하는 초보자들이 편하게 알 수 있는 책을 써야겠다는 생각이 들었다. 이 책을 읽고 당장 현장이나 실무에서 써먹을 수 있도록 쉽게 써야겠다는 사명감으로 노트북을 펼쳤다. 매일 8시간 이상 자료를 수집하고, 정리하면서 집필에 매진하였다.

2021년 기준으로 세계 인구의 45% 정도에 해당하는 35억여 명은 SNS를 통해 타인과 소통하며 일상의 경험을 표현한다.

시·공간의 제약 없이 사람들은 다양한 정보를 디지털 미디어를 통해 더 쉽게 연결하고 공유한다.

디지털 사회에서 SNS는 소통의 도구뿐만 아니라 마케팅 영역에서도 중요한 자리를 차지하고 있다. 이런 사회에 판매자는 어떻게 팔 것인가 고민하고, 소비자는 좋은 제품을 어떻게 잘 살 것인가 고민한다. "고객에게 팔지 말고 사게 하라"라고 하였다. 내가 파는 것이 아니라 고객이 구매해 주는 것이다. 즉 나는 고객이 원하는 가치를 제공해 주는 것이다.

이 책을 읽는 독자들은 고객에서 사업가로 마인드를 바꾸게 되는 연습을 하게 될 것이다. 상품화를 계획하며, 제품을 사고, 제품의 사진을 촬영하고, 상세페이지를 디자인하며, 이벤트를 계획하고, 자금을 관리하고, 제품의 포장, 택배 발송, 고객상담까지 혼자 하려면 24시간이 부족하다는 것을 깨닫는다. 고객의 경험을 소중히 여기고, 시대의 흐름을 읽어야 하며, 책으로만 공부하는 것이 아니라 행동하며 꾸준히 수정·보완하는 것이 필요하다는 것을 알게 된다.

이 책은 디지털 마케팅을 큰 맥락에서 볼 수 있는 입문서로 생소한 용어 하나하나를 상세하고 쉽게 이해할 수 있도록 도와준다. 디지털 생각⁺ 코너에서는 급변하는 디지털시대에 한 번쯤은 고민해봐야 할 내용을 수도권 소재의 마케팅을 전공한 대학생들의 생각을 풀어서 담아냈다.

이 책이 출간되기까지 격려와 지원을 보내준 많은 분께 감사의 마음을 전한다. 특히 한글 작업을 도와준 첫째 딸과 글을 쓸 수 있도록 배려해 준 가족에게 고마움을 표한다. 이 책이 여러분들의 디지털 마케팅 기본 소양을 쌓는 데 도움이 되기를 바란다.

박선미

대 박 나 는
디지털 마케팅

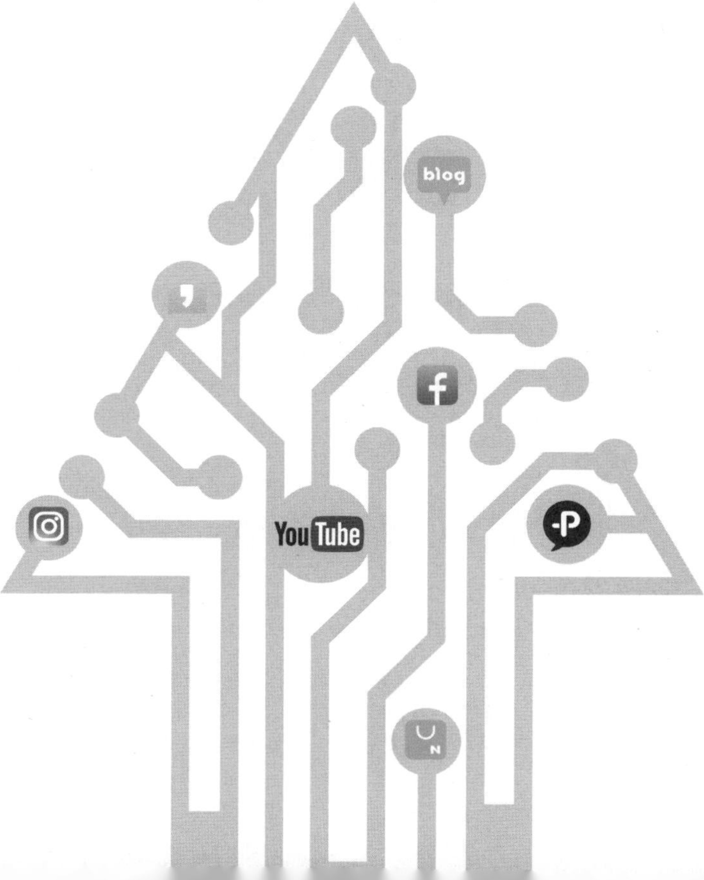

차 례

chapter 01

디지털 마케팅 설레는 첫 만남

blog
YouTube

"고객을 만족시켜라.
처음에도, 맨 나중에도, 그리고 항상."

루치아노 베네통

당신이 물건을 구입할 때 후기나 별점을 보는 이유는 무엇인가? 실제로 상품을 보거나, 만지거나, 냄새를 맡거나, 소리를 들은 상품이 아니기 때문에 불안하다. 그래서 먼저 구입한 사람들의 의견을 보고 불안감을 해소하기 위해서 후기나 별점을 본다. 이것은 디지털 마케팅을 할 때 무엇을 고민해야 하는지 알게 한다. 디지털 마케팅을 시작하면 설레지만 사실 두려운 마음도 있다. 판매의 기본은 좋은 아이템에서 나온다. 기획에서 마케팅, 그리고 매출, 확장까지 이어진다. 아이템을 가지고 온라인 기술을 활용하여 노출하고 재구매와 재등록을 유발하고 온·오프에서 동시에 확산되게끔 한다. 상품 공급업체를 찾을 때 초보자들의 경우 가격만 따진다. 하지만 가격만 고려하는 것이 아니라 수급 안정성과 규모도 중요하다. 가장 효율적인 유통 형태를 찾아야 한다. 도매업체보다는 제조업체가 가격에서는 경쟁에 우위에 있지만, 제조업체의 경우 상품이 다양하지 않다. 그러므로, 사업의 초기에는 여러 유통 경로의 업체들을 찾는 열정이 필요하다.

첫째, 도대체 무슨 콘셉트인지 알 수가 없다. 판매자가 자신의 안목에만 신경을 쓴 경우로 상품의 위탁(소싱)과 기획은 철저하게 고객의 눈높이에 맞추어야 한다. 하지만 모든 고객을 만족시킬 수 없다. 그래서 타깃을 정확하게 해야 한다.

둘째, 투자를 피하거나 싫어서 모든 것을 혼자 한다. 디지털 마케팅은 온라인 쇼핑몰 등 소자본 창업이 가능하다. 그래서 경쟁이 치열하며, 쉽게 벤치마킹을 할 수 있다. 빠르게 변화해야 도태되지 않는데 상품기획과 마케팅, 재무, 고객상담, 포장 및 배송까지 혼자 해결하려고 하면 한계에 직면한다. 디지털 마케팅의 예산은 온라인 플랫폼이나 쇼핑몰창업 규모에 따라 조절이 가능하다. 이때 역산스케줄링(Backward scheduling)을 활용하기를 권한다. 3개월 이내에 수익을 기대한다면 수익이 발생하기 위해서 얼마나 판매해야 하는가? 몇 명에게 홍보하고, 신규회원을 유치해야 하는가? 구체적으로 적어보자. 상품등록에서 주문관리 및 회원관리 그리고 이벤트관리까지 운영 시스템을 하나로 만들 것을 제안한다.

판매가 되었다. 하지만 그것이 끝이 아니다. 주문 후에 어려운 상황이 발생하기도 한다. 아래와 같은 상황이 벌어진다면 어떻게 대처해야 할까?

배송 완료인데 고객은 받은 적이 없다고 한다.
기념일 선물인데 날짜가 지나서 배송되었다.
유리나 도자기 그릇이 파손되었다.
반지의 사이즈를 수정해서 교환해 달라고 한다.
신선도 유지가 생명인 농수산물을 교환이나 환불할 때 고객이 상품을 실온에 둔다.

고객이 자주 하는 질문을 예상해보고, 미리 FAQ(frequently asked questions)를 게시판에 올려둔다. 어떤 질문이 많은가 같이 생각해 보자.

첫 번째, '회원 가입 및 탈퇴' 에 관련한 질문이 많다. 회원정보를 변경하거나 비밀번호 찾기 및 변경, 이메일이나 광고 수신 거부 그리고 회원 탈퇴에 대한 내용이다.

두 번째, '상품의 구매'에 관한 질문이다. 상품의 크기나 색상, 재질, 복수 구매 시 혜택, 배송 및 교환, 환불 절차, 상품 A/S, 이벤트 진행 시 경품 지급에 관한 문의가 많다. 내가 고객일 때와 남이 고객일 때는 하늘과 땅 차이다. 온라인에서는 상호만 쳐도 게시글이 조회된다.

기업의 이미지를 신경 쓰지 않을 수 없다. 어떻게 하면 해결이 잘 될까?

홈페이지나 플랫폼에 고객이 쉽게 찾아볼 수 있는 게시판을 통해 안내가 필요하다. 여기서 한가지 꿀팁, 상품의 포장을 잘하면 클레임이 줄어든다. 포장 상태가 엉망인데 제품에 흠집까지 있다면 고객은 어떤 기분일까? 여러분이 상상해 보길 바란다.

세 번째, '주문 및 결제'에 관한 문의로 결제 오류, 현금영수증 발급, 주문취소, 쿠폰 사용방법에 대한 질문이다. 이때 고객의 질문에 응대하는 게시판에서 답변도 미리 샘플을 마련해두면 즉각적으로 응답하기 수월하다.

예시 게시판 답변하기

안녕하세요? 시민몽키의 박선미입니다.
00 고객님께서 문의 주신 사항에 대해 상품의 00부분을 자세하게 살펴보았습니다.
소중한 의견 고맙습니다. 건강한 하루 되세요.

게시판을 관리하다 보면 악플을 다는 고객들을 종종 만나기도 한다. 정중한 답글을 적어 오해를 없앴음에도 불구하고, 각종 포털에 악평을 쏟아내는 고객에게는 직접 전화로 해당 제품 교환해 주겠다고 말한다. 그래도 해결이 되지 않을 때는 사이버수사대 통하여 업무 방해에 대한 신고를 한다.

네 번째, '배송'에 관한 질문이다.

배송 지역, 배송 오류, 배송 날짜와 시간, 배송료에 대한 문의가 주를 이룬다. 마지막으로 단골고객(충성고객)을 대접해 주어야 한다. 예를 들면 포인트 관리를 통해 랭킹을 정하고 상품을 보낼 때 추가 상품과 손편지 등을 쓰는 것이다. 단골손님이 또 다른 손님을 만든다는 것을 잊지 말자!

셋째, 플랫폼(쇼핑몰)에 변화가 없다. 고객의 반응이 나오지 않더라도 꾸준히 시간을 투자 해야 한다. 플랫폼이 매일 새로운 트렌드를 만들어간다는 느낌을 줘야 하는데 몇 달 동안 이벤트나 디자인 또는 신상품 배열이 똑같다면 고객 입장에서 어떤 생각이 들까? 하루종일 매출이 없을 때 난감하다. 온라인 매장을 열고, 고객이 적어 매출이 발생하지 않는 것은 초창기에는 당연한 일일지 모른다.

나의 온라인 플랫폼이나 쇼핑몰의 존재를 널리 알리지 않으면 사람들이 알 수가 없다. 머릿속으로 생각만 하는 것이 아니라 계획을 실천해야 한다. 내가 한 번 글을 올린다고, 입소문이 나지 않는다는 것은 이미 알고 있지만, 현실 앞에서는 마음의 상처를 입고, 공격적으로 홍보를 하는 것에 겁을 먹는다. 사입 시기는 재고를 보며 조율한다. 농산물 판매 쇼핑몰이라면 농산물전문가가 좋은 농산물을 선별하여 소비자에게 추천하는 방식으로 운영되는 것이다. 고객의, 고객에 의한, 고객을 위한 것이 먼저다.

내가 하는 분야의 경쟁업체가 많을수록 나의 매장을 찾는 고객들을 파악해서 맞춤형 서비스를 제공해야 한다. 그래야 단골고객(충성고객)이 늘어나게 된다. 플랫폼이나 쇼핑몰에 방문한 소비자가 언제, 어디에서 접속했는가? 어떤 상품과 페이지를 클릭했는가? 등의 로그파일을 철저하게 분석한다. 고객의 정보를 빅데이터를 바탕으로 분석한다.

넷째, 4P요소가 없다. 상품과 콘텐츠, 커뮤니티 모두 평범하다. 한 번의 클릭으로 다른 쇼핑몰로 접속할 수 있다. 3초 안에 고객에게 매력을 어필해야 한다. 경쟁쇼핑몰이나 플랫폼이 어떤 이벤트를 진행하는가? 어떤 상품을 판매하는가? 어떤 매체에 광고하는가? 벤치마킹이 너무 쉽다. 이 책을 읽고 있는 이 순간에도 온라인 시장은 급변하기 때문에 우리는 변화를 주시하면서 생존 전략을 세워야 한다. 시장은 늘 변화하며 유동적이라는 사실을 인식하고, 수많은 쇼핑몰 중 성공하는 쇼핑몰은 10%도 되지 않음을 기억하기 바란다.

성공사례로 알아보는 디지털 마케팅

첫째, 차별화된 요소이다. 상품과 가격 그리고 콘텐츠, 서비스가 차별화되어 있다. 예를 들면 의류를 자체 제작한다든가, 원가 절감을 위한 원산지를 방문한다든가, 모델이나 촬영장소를 세심하게 고려한다든가, VIP 고객을 위한 이벤트가 있다든가 등 다른 플랫폼과 차별화된 요소가 있다.

아이템 시장 파악을 위한 유용한 사이트를 살펴보자. 광고·마케팅 분야는 DMC 리포트, 트렌드와칭닷컴, 아이보스 등이 있으며 정보통신분야는 정보통신산업진흥원, IT지식포털, 랭킹닷컴이 있다. 경제·사회 분야의 경우는 한국개발연구원, 삼성경제연구소 SER, LG경제연구원이 있으며 통계·소비자 조사 분야는 통계청 국가통계포털, 닐슨코리아, 포레스터가 있다.

둘째, 정확한 목표 고객에 집중한다. 콘셉트의 통일성, 나이나 학력, 소득수준 등의 인구통계학적 변수를 통해 라이프 스타일을 세분화시키고 전문화 시킨다. 예를 들면 평생학습관에서 요리프로그램을 진행한다면「1인 가구 중장년 남성을 위한 요리」등 명확한 목표 고객(학습자)에 집중하는 것이 프로그램 성공의 지름길이다. 큐레이션 커머스가 새로운 유통 트렌드로 떠오르고 있다. 이것은 많은 상품 중에서 나에게 딱 맞는 상품이 무엇인지 결정하기 어려워하는 소비자에게 설명을 해주는 것으로 분야별 전문가가 상품을 직접 선별하여 판매하는 방식이다.

셋째, 차가운 디지털에 따뜻한 사람의 감성을 불어넣는다. 고객과의 관계를 먼저 생각한다. 정직한 상품을 정직하게 판매하며, 자필편지, 체험이벤트, 블로그 운영 등 감성적 전략을 활용한다.

넷째, 사업가 마인드가 충전되어 있다. 처음부터 온라인 솔루션 자동화 시스템을 구축하기는 어렵지만, 향후 작은 소호몰(플랫폼)에서 기업형으로 운영하기 위해 조직 구축도 고려한다. 디지털 마케팅을 시작하기 전에 고민해야 할 것은 시장성, 기술성, 수익성 세 가지이다. 첫 번째, 시장성의 경우는 판매가격, 수량을 보고 매출액을 산출해 본다. 예를 들면 건강식품을 판매한다면 유아, 청소년, 중년, 노년 타깃층은 누구인가? 온라인에서 건강 식품제조 신고절차는 어떠한가? 건강식품 수입 유통경로를 잘 아는가? 경쟁사 제품에는 무엇이 있는가? 등을 고려해야 한다. 두 번째, 기술성으로 시설 투자금액, 생산원가를 통해 제품원가를 산출해야 한다. 세 번째, 수익성으로 손익분기점을 분석하고, 회수기간을 분석하여 손익계산서, 현금의 흐름을 파악한다.

사업자등록증과
인터넷 결제 서비스

사업자등록증[1)]은 업체 주민등록증과 같다. 사업을 개시하고 개시를 알리기 위해 관할 세무서에 신고하는 절차이다. 사업자등록은 세법에 의무사항으로 규정되어 있으며 관할세무서는 특별한 하자가 없는 한 사업자등록번호와 함께 사업자등록증을 교부하며 사업자등록증은 해당업체를 표시하는 고유번호, 사업장에 비치해야 한다.

등본상 지역의 세무서로 가서 민원 봉사실에서 번호표를 뽑고 기다린다. 여러 서식 중 사업자등록(개인)을 작성하면 몇 분 후에 발급된다. 직접 방문이 어려운 경우 인터넷 전자 민원창구를 이용해도 된다. 사업자등록증을 발급받으면 분기별로 세무신고를 해야 하는데, 소득이 없더라도 신고해야 하며 홈택스 사이트를 이용하면 된다. 매입, 매출이 0원이라도 「사업자」 기재란에 사업자의 기본 인적사항을 기재하고 「신고인」에 회사명과 법인인감을 날인 한 후 부가세 신고서 정중앙에 '무실적' 또는 '실적 없음'이라고 기재한 후 신고해야 한다.

회사가 문을 닫아 신고를 하지 않은 것인가? 실적이 없어서

1) 장종희(2020).나는 SNS마케팅으로 돈번다.
강진영, 유영진(2020).SNS마케팅

신고를 하지 않은 것인가? 과세당국에선 알기 어렵기 때문이다. 세무서장이 '직권폐업'을 할 수 있기 때문에 거래실적이 없어도 신고를 해야 한다.

개인사업자에는 일반과세자, 간이과세자, 면세사업자가 있고, 일반과세자는 연간 매출액이 4,800만 원 이상이거나 간이과세 적용이 배제되는 사업 또는 지역에 해당하는 경우이다. 간이과세자로 등록이 되어있더라도 규모가 커지면 자동으로 일반과세자로 변경되며 간이과세자는 세금계산서 발행 불가하여 기업에 물건 납품이 어렵다. 간이과세자는 직전 1년 공급대가 수준이 4,800만 원에 미달하는 개인사업자에 대하여 신고납부 또는 부가가치세법상 제반의무의 이행에 있어 보다 간편한 방법으로 납세의무를 이행하도록 한다.

통신판매업 신고는 구청에 방문하여 안내데스크에 물어보고「지역경제과」를 찾아서 인터넷 도메인 이름, 호스트서버 소재지 등을 작성한다. 세무과에서 체납 여부를 확인하고 직인을 찍고 허가 신고민원(위생) 창구에서 통신판매업신고서를 제출하고 접수증 발급받고 3일 후 찾으러 간다.

신용카드, 스마트폰, 계좌이체 등 통합전자지불이라고 해서 모든 지불서비스를 제공하는 회사도 있으나, 1~2개만 전문적으로 서비스를 하고 나머지는 해당 지불회사와 제휴형태로 제공하는 것이 대부분이다. PG(Payment Gateway)사 계약을 원하는 PG사 홈페이지 방문하여 상점 아이디를 등록한다. 서비스 신청서류를 다운, 보증보험을 신청한다. 이때 PG사와 제휴를 맺고 있는 보증보험회사 가격이 저렴하다. 가입하지 않으면 신용카드 결제가 제한되거나 한도액이 소액이 된다. PG사에서 제공하는 결제프로그램을 내 쇼핑몰과 연동시킨다. 임대몰의 경우 관리자 모드에서 설정한다. 카드사 심사기간, 쇼핑몰에서 테스트, 실제 서비스까지 총 7일 정도 걸린다.

거래금액으로 본 전자지불서비스 규모는 1위가 KSNET, 2위는 KCP, 3위 이니시스이며 데이콤, 티지코프, 텔렉, 페이게이트, 나이스 등이다.

PG사 선정을 위해 수수료율, 정산주기, 안정적으로 운영하는지를 미리 알아두는 것이 좋다. 판매 후 내 통장으로 바로 입금이 되는 것이 아니기 때문에 정산주기가 빠를수록 좋지만 빠르면 수수료율이 높을 수 있다. 보통 10일 전후 걸린다. 제품배송 후 도난카드로 결제된 것을 알았을 때 카드사가 책임지지 않는다. 사이버경찰청에 신고하여 범인을 잡아 회수하는데 이때 범인을 못 잡으면 피해를 감수해야 한다. 특히 해외카드 경우 대부분 포기한다.

디지털 생각+ 애브리타임, 에스크 등 익명 사이트에 대한 의견

쉽게 할 수 없는 말을 편하게 자신의 나이대 친구들과 주고받고 조언을 얻으면서 소통한다. 본인이 3자한테 쉽게 털어놓을 수 없는 고민도 스스럼없이 올려 상담하고 소통한다. 학교에 대해 궁금한 문제들을 편하게 물어본다. 많은 학교 친구들을 사귈 수 있다. 대학생이 누릴 수 있는 혜택들을 같이 공유한다. 몰랐던 내용을 알게 되어 학교생활에 용의하다.

하지만 단점도 많이 존재한다. 간혹 학교에서 소문이 나면 애브리타임에서도 시끌시끌하고 소문의 당사자가 볼 수도 있는데 아무도 신경 쓰지 않고 당사자가 상처받을 수 있는 말을 너무 쉽게 한다. 남의 뒷말이 난무한다. 에브리타임의 취지와는 다른 글이 많이 올라온다. 학교폭력의 실태가 보이는 글이 간혹 보인다. 윗분들의 얘기도 스스럼없이 올라온다(대학생 B).

청소년들 사이에서 크게 유행을 타고 있는 에스크는 자유롭게 질문과 답을 주고받을 수 있는 서비스로 계정을 만들면, 계정을 만든 사람에게 질문할 수 있다. 예를 들어 평소에 친목을 다지고 싶었던 친구에게 궁금한 점을 익명을 남길 수 있으며, 직접 물어보기 어려운 질문들, 인스타 피드에 있는 옷 정보를 물어보거나 닉네임을 밝히지 않고 고민이나 걱정을 털어놓을 수도 있다는 점이 장점인 것 같다. 요즘에 흔히 이루어지고 있는 사이버 폭력 등 청소년 문제가 사이트를 통해 여러 차례 일어나고 있다. 그중에서도 청소년들이나 연령층이 낮은 사용자들이 많은 에스크는 익명 추적도 잘 안 되고 신고버튼을 눌러도 신고가 되지 않는 일들이 많아서 사용자들의 피해가 커지고 있는 추세이다(대학생 F).

눈치를 보지 않아도 편하게 물어보고 답할 수 있다. 나의 관심사가 맞는 사람끼리 소통을 할 수 있다. 하지만 누가 내 욕을 해도 당하고만 있어야 한다. 익명성을 방패로 정말 입에 담지 못할 말들을 거리낌 없이 하곤 한다(대학생 D).

익명 사이트 같은 경우 우리 주변에서 쉽게 다운받고 사용이 가능하다. 먼저 페이스북, 인스타그램 등등과 비교해보면 가장 큰 차이점은 역시 익명성이 보장된다는 것이다. 이로 인하여 자기가 평소 드러내지 못했던 모습을 보인다든지 자신의 다른 사람에게 보이고 싶지 않은 비밀을 다른 익명의 누군가와 이야기한다든지 여러 장점이 있지만, 단점 역시 많다고 생각한다.

먼저 익명이라는 점으로 다른 누군가의 비밀을 퍼뜨리거나 저격, 욕설 등 네트워크상 폭력을 막지 못하고 주작질 또한 어렵지 않게 가능하다. 예를 들어 최근 다음 카페의 정책이 바뀌어 익명일지라도 작성자가 댓글을 달게 되면 작성자라고 뜨게 되었는데, 이로 인해 몇 년 전부터 있었던 수많은 주작과 조작 등이 밝혀져서 많은 문제가 생겨났다. 이처럼 익명성이 좋은 점도 물론 있지만, 그에 따른 큰 문제가 있다고 생각한다(대학생 C).

최근 다음카페가 정책을 변경하여 작성자가 댓글을 장성할 시 작성자라고 알아볼 수 있도록 바뀌었는데 정책이 반영되자마자 수천 개의 게시글이 삭제되었다. 작성자가 질문과 의견을 말한 뒤 제3자인척 호응과 의견을 제시해 댓글 내 여론을 조성한 것인데 이처럼 익명 뒤에 숨어서 정보와 여론을 조작하기 쉽다(대학생 K).

익명이라서 누가 쓴 글인지도 모르고 자신의 불만이나 개인적인 생각들을 적을 수 있다는 게 편하다. 하지만 이런 익명인 것을 악용할 수 있다는 것이 단점이다. 관리자가 잘 관리한다면 매우 좋은 사이트가 되지만 애브리타임처럼 관리자의 능력 범위에서 벗어나서 규모가 상당히 커진 상태라면 관리자도 운영을 못 하고 각종 문제가 일어난다. 정치적이거나 갈등의 원인이 되는 글들, 혐오 발언 등을 제지한다면 사용자들이 편하게 사용할 수 있을 것 같다(대학생 W).

익명성이 보장되면 많은 사람이 자신의 실명과 소속을 까지 않아도 된다는 장점이 존재한다. 사회 고발을 위한 가치가 매우 탁월하다는 장점이 존재한다. 사회를 고발할 때 자신의 실명과 사회에서의 위치를 밝히게 된다면, 많은 사람에게 비난을 받거나 악플이 달려 힘들 수 있기 때문에 익명 사이트에서 사용하기에는 매우 훌륭하다고 생각한다. 자신의 행동에 매우 많은 구속과 제약이 존재하지 않는다. 나도 익명 사이트를 자유롭게 이용한다. 익명성을 보장해 주는 사이트이기 때문에 아무 말이나 작성이 된다. 악성으로 댓글을 다는 사람들로 인해 좋은 마음으로 글을 작성한 소수의 사람들은 피해를 보게 된다. 좋은 마음으로 작성한 익명의 사람은 한번 마음의 상처를 받으면 다음부터는 좋은 글 작성은 물론 아예 좋은 글이든 좋지 않은 글이든 신경을 쓰지 않게 될 수도 있다. 익명 사이트를 통한 채팅을 통해 좋지 않은 부분으로 빠지게 될 수 있다. 안 좋은 부분으로 빠지게 된다면 빠져나오기가 힘들게 된다(대학생 R).

익명의 가장 큰 장점은 개인정보를 의식하지 않고 편안하게 대화를 이어나갈 수 있으며 부담이 없다는 것이다. 간단명료

하게 대화를 할 수도 있고 누구에게도 말하지 못한 얘기를 익명의 힘을 빌려 고민 상담을 하거나 질문을 하기도 한다. 이러한 점에서는 익명 사이트가 도움이 되지만 반대로 단점이 되기도 한다.

익명이라고 입에 담지 못할 험한 말을 하거나 무례한 이야기도 하게 된다. 이렇게 되면 상대에게 상처를 주게 된다. 요즘에는 사이버수사대가 발전하여 익명이어도 아이피를 조사하여 신고할 수 있다. 익명이라도 얼굴을 공개한 상태에서 할 수 있는 말을 해야 한다. 익명의 단점인 이러한 사례가 지속하여 네이버 뉴스에서는 댓글을 다는 것을 익명에서 실명으로 바뀌었다. 익명을 남들에게 험한 말을 하기 위한 방어막으로 써서는 안 된다. 도가 지나친 이용자들에게는 사이트 측의 관리가 필요하다고 생각한다(대학생 L).

누구나 부담 없이 쉽게 의견을 남기고 정보들을 교환할 수 있다. 책임감 없이 글을 써서 사이버폭력 및 성폭력이 이루어지고 수많은 사람이 이로 인해 자살하기까지 한다(대학생 J).

익명성 보장이라는 한 줄에 많은 사람이 편하게 글을 올린다. 남의 소문을 마치 자기 소문인 양 글에 의문을 제기해 3자를 선동하고 그 소문의 당사자를 같이 비난해주기를 주도한다. 하지만 애브리타임에서는 이런 선동 글을 제지한 적도 없고 문제가 있어도 SNS나 올라올 뿐 아무도 신경 써주지 않기에 익명성도 적당한 것이 있어야 한다고 생각한다(대학생 G).

소소하고 별거 없지만 그래도 궁금했던 점을 익명으로 물어볼 수 있다. 그리고 1:1 대화방식이 아닌 질문에 답을 다는 형식이기 때문에 이야기를 억지로 이어나갈 필요 없이 질문에만 답을 하면 되어 간편하다. 에스크 '테러'라고 언어폭력을 하는 사례를 종종 본다. 한 명이 다수인척 하거나 다수가 몰려서 기분 나쁜 말을 남기는데 고소 또는 신고가 어렵다. 신고를 한다고 해도 사전에 질문을 필터링할 수 없어서 공격적인 언행 그대로 질문란에 남겨지기 때문에 상처를 받은 후에 고소 또는 신고 등 대처를 할 수 있다. 또한, 충분히 피해를 받았음에도 상대는 익명이고 나쁜 말을 '툭' 뱉고 간 것이기 때문에 고소가 성립이 안 되거나 그 과정 또한 쉽지 않다. 많은 사이트, SNS를 사용하기 전 핸드폰 뒤에도 사람이 있다는 점과 조롱하고 비난하는 것이 즐거운 일이 되어선 안 된다는 것을 명심해야 할 필요가 있다(대학생 S).

chapter **02**

디지털 마케팅
꼼꼼한 전략

blog
YouTube

**"관계란 자신이 한 만큼 돌아오는 것이네.
먼저 관심을 가져주고, 먼저 다가가고,
먼저 공감하고, 먼저 칭찬하고, 먼저 웃으면
그 따뜻한 것들이 나에게 돌아오지."**

레이먼드 조

아이템 선정은 어렵다. 창업자 누구나 고민하지만 명쾌한 답은 얻기 힘들며 스스로 경쟁력 있는 아이템의 아이디어를 찾아야 한다. 내가 「가장 좋아하는 일은 무엇일까?」 종이에 적어보자. 망설여진다면 아이템 선정을 위해 자기를 관찰해보자.

하루 24시간 중 나는 어떤 일을 가장 많이 하는가? 어떤 제품에 호기심을 갖는가? 평소에 잘 구매하는 제품은 무엇인가? 수집하는 물건은 무엇인가? 기술을 가진 분야가 있는가? 주변에 상품의 위탁(소싱)과 관련해 도움을 줄 수 있는 사람이 있는가? 등을 살펴보자.

꼬매기 닷컴, 친절한 선영군의 스탬프 쿡은 자신들의 취미를 살려 창업을 하였다.

「스트라입스」는 소비자가 원하는 시간과 장소를 온라인으로 입력하면 스타일리스트가 찾아가서 신체 치수를 측정하여 저장하고 원하는 옷감을 선택하면 맞춤형 셔츠를 제작한다. 자신의 신체 치수를 등록한 고객이 이미 6만 명이 넘는다.

「하비박스(취미배송)」는 일상에 지친 현대인들에게 취미를 찾아주는 것이 목적이다. 취향을 분석하여 하비 큐레이터가 해당 분야의 상품을 선택하고 매월 취미 박스를 정기적으로 배송한다. 큐레이션 커머스와 서브스크립션 커머스를 합친 형태이다.

서브스크립션 커머스는 Subscription(정기구독)과 Commerce(상업)의 합성어로서 구매자가 정기 구독료나 가입비를 서비스업체에 지급하면 해당 업체가 상품을 알아서 선정하여 정기적으로 배달해 주는 상거래를 의미한다.

로드맵 그리기

디지털 마케팅 로드맵은「목적 > 목표 > 전략 > 전술」이다.

첫 번째 로드맵을 생각할 때는 목적과 방향 설정에 초점을 둔다. 기업이 궁극적으로 달성하고자 하는 지향점은 지속적인 업무 효율화, 경영 성과를 위해 필요하며 목적이 없으면 명분을 잃고, 정체성을 상실하게 된다. 브랜드 인지도를 향상시키고 신규고객을 확보하며 신상품의 매출을 높이고 소통 채널을 확보하여 소셜 플랫폼을 활용한 재구매율 올리는 등 구체적이고 현실적으로 접근하여 눈에 보이는 성과로 연결한다.

두 번째 로드맵을 그릴 때는 목표와 구체적인 계획을 고려한다. 목적을 달성하기 위해 한정된 계획표를 구체화한다. 목적은 큰 범위의 이상적이고 가치 중심적인 것, 목표는 목표달성을 위해 소셜 관련 업무를 대행업체에 맡길 것인가? 사내에서 진행할 것인가? 경력자를 고용할 것인가? 직원을 교육해 전문가로 양성할 것인가? 등 구체적이고 계량화된 것이다.

세 번째 로드맵에서는 전략과 목표달성에 관한 방법을 그린다. 효과적으로 목표를 달성하기 위해서 필요한 것을 계획표에 목표를 세우는 종합적인 활동이다. 어떻게 해야 하는가? 어떻게 달성할 것인가? 기존 인스타그램 팔로워를 통해서 자발적인 입소문을 퍼트려 매출 상승, 모바일 메시지를 통해 기존 고객의 재구매율 상승, 블로그를 통해서 검색 결과를 상위에 노출해 신상품 홍보 등 구체적으로 고민하는 것이다.

네 번째 로드맵은 전술, 목적의 추진 방법에 초점에 두며 전략을 실행하기 위한 구체적인 행동이다. 가을 단풍시즌을 맞이해 인스타그램에서 팔로워들에게 등산용품 할인 제안, 페이스북 페이지 팬들에게 한정판매와 쿠폰제공, 블로그를 통해 재고 품목 할인 등 전략은 달성하고자 하는 목적을 명확하게 결정하는 것이며 전술은 그 목적을 어떻게 추진할 것인가에 대한 방법이다.

디지털 마케팅의 로드맵 목적은 SNS를 활용한 온라인 쇼핑몰 방문자 확보와 신규매출 극대화하는 것이며 목표는 블로그를 활용한 30% 매출 신장, 전략은 블로그 이웃을 웹사이트 신규고객으로 전환, 고객상담 서비스 지원으로 10% 원가 절감 효과 창출이며, 전술로는 가을 단풍시즌을 맞이해 블로그 이웃들에게 신상품 할인 제한, 신규 이웃에게 쿠폰제공, 이웃대상으로 2+1행사를 진행하는 것이다.

바이럴 마케팅은 입소문이라고 생각하면 된다. 우편에서 인터넷 기술과 무선통신 기술의 발달로 사회적 이슈나 관심사에 흥미를 유발해 대중이 자발적으로 입소문을 내는 마케팅 기법으로 기업이 소셜 플랫폼에 관심을 두고 참여하는 요인이 된다. 정말 재밌네?(공감), 놀랍고 독특하네?(독창), 보면 볼수록 정말 새롭네?(창의), 어디서 발견했을까?(희소) 등으로 저비용으로 널리 알리는 최적의 도구로 곧 문화다. 개인 간의 가장 강력한 소통 형태로 볼 수 있다.

고객과 소통하는 방법에는 여러 가지가 있다. 아날로그보다 디지털로 소통을 하면 캘린더, 메모, 카메라 등 스마트폰을 활용하여 대부분 클라우드와 연결되어 파일을 전송할 필요가 없으며 언제 어디서든 인터넷이 되면 접근이 가능하다. 함께 일하는 사람들과 공유도 편리하다. 편집보다 라이브 방송으로 진행을 하면 따로 시간을 만들지 않아도 바로 콘텐츠가 생성되고, 들어오는 사람들과 소통하면서 마케팅이 가능하다.

큰 시간보다 오늘 작은 시간을 만드는 데 집중한다. 작은 시간을 효율적으로 사용하도록 돕는 도구가 스마트폰과 SNS이다.

개별 경쟁보다 협업으로 운영한다. 「가구거리」, 「먹자골목」이라는 것이 상징하듯 한 상점보다 상가 또는 거리가 함께하는 홍보가 훨씬 더 효율적이다. 채팅은 고객이 늘어나면 관리가 힘들고 시간 소모도 커진다. 자주 쓰는 내용은 상용구를 활용한다. 프로필을 활용하여 응답 가능한 시간 또는 FAQ, 블로그에 자주 하는 질문은 카테고리를 활용하는 것도 한 가지 방법이다.

프로필 작성을 충실하게 하고, 꾸준하고 성실하게 업로드하며, 고객이 공유하고 싶은 콘텐츠를 만든다. 콘텐츠의 대부분은 스마트폰으로 소비되거나 공유되기 때문에 스마트폰에서의 가독성을 먼저 생각한다. 글은 오전에 일찍 올리게 되면 하루를 기점으로 노출되는 시간이 늘어난다. 페이스북의 경우 당일 올린 글이 친구들의 타임라인에 더욱 잘 전달된다. 또한 부지런하고, 성실한 이미지를 주기 때문에 사업에 긍정적인 효과를 준다.

후기의 종류에는 여러 가지가 있다. 우선 「댓글」은 후기를 남기는데 시스템적으로 가장 잘 갖춰져 있다. 배달 앱 등을 통한 후기, 쇼핑몰 및 오픈몰 등을 통한 후기는 접근이 쉬워 후기를 남길 확률이 높기 때문에 구매 또는 방문에 영향을 미친다. 댓글은 관리가 비교적 쉽지만, 구글이나 네이버 등 포털 사이트에서 검색이 되지 않는다. 조작이 가능하여 신뢰도가 낮고, 상투적이고 짧은 후기가 대부분이다.

「해시태그를 제시하여 후기를 유도」하는 경우에는 인스타그램, 페이스북, 카카오스토리 등 소셜 웹 채널에서 친구들에게 전달되어 타깃층 노출에 유리할 수 있다. 후기 작성자와 친구 맺기, 팔로우 등 관계 맺기가 편리하다. 하지만 부정적 콘텐츠에 대한 대비가 필요하며, 개인 채널에 남기므로 콘텐츠 관리의 어려움이 있으며 혜택을 받고 바로 지우는 경우도 생긴다.

「미디어」는 상품을 구매 혹은 제공하여 실제 경험을 사진, 동영상, 글 등으로 나누는 것으로 블로그, 유튜브 등 개인 미디어에서 검색이 상당히 잘 된다. 자세한 설명으로 많은 정보를 전달해 구매 전 정보수집을 하는 소비자에게 도움이 된다. 상품 및 서비스를 무상으로 제공받거나 대가를 받고 작성한 콘텐츠는 반드시 표기하도록 정책이 바뀌었다. 많은 콘텐츠가 생성되기 어렵다는 단점이 있다.

댓글 후기의 경우 기존에 몇 개의 긍정적인 후기가 있으면 좋다. 상품이나 지역업체 등록, 배달 앱을 활용할 때 초반에 긍정적인 댓글을 적극적으로 유도하는 것이 중요하다. 쇼핑몰, 스마트스토어 등 오픈몰의 경우 내부에 포인트나 쿠폰 등을 지급하거나, 방문 고객에게는 음료수나 간단한 사은품 증정 등의 적절한 혜택을 제공한다. 혜택을 받은 사람은 긍정적 후기 남길 확률이 높다.

해시태그, 제목, 키워드를 소비자 입장에서 정하는 것이 키 포인트이다. 상점을 나타내는 해시태그, 상품, 서비스에 적절하게 나열하거나 상점을 대표하는 다양한 단어를 함께 표현해 주면 후기를 남길 때 많은 도움이 되며, 고객의 눈이 머무르는 곳에는 문장보다는 간략하고 눈길을 끄는 단어들로 정리해 둔다. 기존의 우수 후기들을 상품설명에 나열하거나 인쇄해서 벽에 붙여서 어떤 식으로 후기를 남겨야 할지 힌트를 주는 것도 좋은 방법이다.

쇼핑몰 이벤트에는 포인트나 적립금이 아니라 예를 들어 구매 금액의 10%를 현금으로 상품을 보낼 때 같이 배송하는「현금 페이백」과 박스 안에 무엇이 들었는지 모르지만 무조건 만 원(예를 들어 만 원의 행복)으로 선착순 100명에게만 판매하고, 고객이 각종 커뮤니티에 후기 올리는「비밀 이벤트」도 있다.

효과적인 이벤트를 기획하기 위해서 기획서를 중심으로 콘셉트와 분명한 목표, 이벤트의 미션이 정확하게 표현되는「페북 친구하고, 할인받자」 등의 제목을 쓰자. 목적과 목표를 유튜브 구독자 100명 확보, 인스타그램 팔로우 수 1,000명 달성, 해시태그 후기 이벤트 100명 참여 등 채널과 참여자들의 미션 설정이 가능하다.

목적과 목표를 달성했을 때 후기 이벤트를 통한 콘텐츠 확산과 검색 최적화, 구독자 확보를 통한 채널 인지도 강화, 페이스북 그룹 가입 유도를 통한 지속적인 사용자 확보 등 어떤 효과를 볼 수 있는지 정리하고 목적과 목표가 올바른 방향으로 설정되었는지 다시 확인한다.

이벤트를 실시할 기간은, 상품 및 서비스 런칭 시기의 이벤트는 우리 회사의 내부일정에 맞추고, 고3 수험생을 위한 이벤트라면 개학 시기 또는 수능일과 맞추어 진행해야 하며, 명절, 새해맞이, 00데이는 외부일정에 맞춘다. DAY 이벤트 행사를 진행한다면 발렌타이데이(2월 14일)에는 일주일 동안 214벌 스카프 14% 할인 판매, 손수건데이(10월 17일)에는 오전 10시 17분부터 손수건 1017개 4,900원 한정판매 진행, 커피데이(11월 7일)에는 7일 동안 1만 원 이상 상품 구매하는 고객에게 브랜드 커피 캔 증정, 칠월칠석데이(7월 7일)에는 치약칫솔세트 구매하는 고객님 77명에게 치실 증정, 머플러데이(12월 8일)에는「연인의 겨울을 따뜻하게 해주세요」19,000원 머플러는 12,800원에 할인 판매를 한다.

주기적인 오프라인 모임을 이벤트로 하거나 기념일을 활용한 이벤트, 계절과 절기, 지역사회 분위기와 행사를 바탕으로 상호작용한다. 예를 들면 빼빼로 데이나 가래떡 데이에 소비자가 원하는 글자를 넣어 세상에 하나뿐인 빼빼로(가래떡) 만들기 인증샷 이벤트를 연다.

농산물이나 생산하는데 많은 시간이 걸리는 제품의 경우 제작과정을 자연스럽게 알 수 있는 이벤트 진행한다. 필자가 참여한 이벤트는 자신의 귤나무 갖기였는데 봄부터 자신의 귤나무가 자라는 상황을 페이스북을 통해 볼수가 있고, 겨울에 자신의 귤나무에서 열리는 귤 5박스를 택배로 받는다. 물론 제주도의 귤 농장에 가서 직접 수확을 해도 된다. 이벤트 당첨자 발표 일자 및 선정 기준은, 페이스북은 친구 숫자, 인스타그램은 팔로우 숫자를 고려하여 선정하며 타깃층과 목표에 맞는 당첨자를 선정한다.

이벤트 프로모션은 커뮤니티와 제휴하거나 오프라인 매장 광고, @로 친구소환 이벤트, 릴레이 주자로 다음 주자 선택 등 내부 및 외부 홍보를 한다. 이벤트에 오픈될 이미지와 문구 결정, 내용을 확정한다. 경품과 혜택 종류 및 지급 방법을 생각하는데 배송이 어렵거나 사고가 날 수 있는 것은 피하며, 쿠폰이나 포인트, 교환권 등의 디지털 형태가 효율적이다. 고가의 경품이나 지나친 예산을 투입하면 고객은 제품가격에 그 비용이 포함된다고 생각하여 신뢰가 깨진다.

이번에는 쇼핑몰 고객 방문 패턴을 보는「로그 분석」을 알아보자. 누가 방문하는가? 주로 방문하는 콘텐츠는 무엇인가? 어떤 메뉴가 인기가 있는가? 방문시간과 주요 요일은 어느 때인가? 어디를 통해서 방문하는가? 주요 검색엔진은 어디인가? 검색엔진 주요 키워드는 무엇인가? 사이트 내부에서는 어떤 검색으로 무엇을 찾는가? 어떤 페이지에서 빠져나가는가? 꼼꼼히 살펴보자.

SNS 시장조사 체크를 할 때는 페이스북·카카오톡·카카오스토리·밴드·인스타그램·유튜브·네이버카페 등 내 고객군이 사용하는 주 커뮤니케이션 채널의 순위는 어떠한가? 나의 플랫폼에서 제품을 구매하려면 몇 단계나 거쳐야 할까? 기존 경쟁사에서 고객이 느끼는 좋은 점은 무엇인가? 내 상품에서 고객이 느끼는 불만이나 질문 사항은 무엇인가? 등 「고객을 파악」하는 것이 우선이다.

내 플랫폼과 관련된 최신 기술은 어떤 것이 있는가? 내 사업과 관련된 지역의 기관과 지원 정책은 무엇인가? 어떤 기관, 분야의 지원책이 있는가? 주변 여건 중에 설비를 함께 사용할 수 있는 것은 무엇인가? 등 「핵심 활동 및 자원」을 체크한다. 페이스북 및 블로그에서 도움을 받을 수 있는 전문가는 누구인가? 나와 관련된 네이버카페, 페이스북 그룹은 어떠한 것들이 있는가? 등 「핵심 파트너」도 챙긴다.

다른 곳의 가격 정책과 마진율은 어떻게 되는가? 비용을 낮출 수 있는 소상공인 지원책 또는 공공설비는 어떤 것이 있는가? 다른 판매자와 홍보 채널을 차별화하여 비용을 낮출 수 있는가? 등 「수익원」도 확인한다.

내 사업에서 가치를 바꿔 낼 수 있는 새로운 아이템은 무엇인가? 두부 전문점의 비지, 카페의 커피 찌꺼기처럼 사업에서 발굴할 만한 부산물이 있는가? 새로운 제품 또는 고객과 주고받으며 이미지를 재고할 만한 수단은 무엇인가? 등 「가치 창출」도 살펴본다.

주로 어디에서 비용이 발생하며 그 구조를 파악할 수 있는가? 비용을 낮출 수 있는 기술이나 사례를 충분히 조사했는가? 비용을 낮추거나 대체해서 이익의 효율을 높이는 방법은? 광고 홍보 비율을 줄일 수가 있는가? 등 「비용구조」까지 체크한다.

벤치마킹의 방법에는 여러 가지가 있다.

첫째, 평소에 자주 사용하는 상품을 온라인으로 구매해 본다. 내가 쓰는 제품이나 회사명으로 검색을 하고, 검색결과에 나온 로션 중 나에게 맞는 로션을 단계별 검색을 통해 찾는다. 가격비교 목록에서 낮은 가격을 클릭한다. 후기를 보니 배송이 늦다고 한다. 하지만 나는 당장 로션이 필요하다. 그렇다면 조금 비싸지만 바로 출고된다는 배송정보판매자에게서 로션을 구매하게 된다.

둘째, 내가 잘 모르는 상품을 온라인으로 구매해 본다. 검색 포털에서 안마기를 검색했더니 종류가 너무 많다. #안마기추천, #직장인안마기, #안마기선물, #가성비좋은안마기 등 키워드로 제품을 추천하는 블로그와 유튜브를 참고하게 된다. 아니면 특정 브랜드로 제품의 구매를 결정하거나 최저가로 구매한다.

셋째, 내가 판매할 상품을 다른 온라인 판매자의 상품으로 구매한다. 이때의 장점은 기획에 관해 시야가 확대된다. 예를 들면, 엄마가 도매시장에서 판매하는 양말을 온라인 판매를 위해 경쟁쇼핑몰에서 양말을 구매해 본다. 그런데 양말을 검색했더니 상품이 너무 많다. 가격까지 너무 저렴해서 이윤이 남을까? 고민이 된다. 엄마 매장에서 판매하는 상품과 동일한 것도 많다. 경쟁력이 필요해 보인다.

기본아이템부터 어린이 위주의 연령대별 아이템으로 할까? 기능성 제품 위주로 할까? 여러 제품을 묶음 상품으로 구성해서 판매를 할까? 최저 마진율로 판매를 할까?

매출을 높이는 전략, 訴求點(소구점) 또는 'Unique Selling Point'라고 한다. 제품의 여러 특징 중 소비자에게 가장 전달하고 싶은 장점으로 차별화된 포인트이다. 저렴한 가격이나 할부, 상품의 소진, 판매기회의 희소, 타 소비자의 호응, 구매자의 증가, 가족화합, 교육의 기회, 효도, 선 사은품 제공과 호의 제공, 전문가의 조언과 지지, 환불 및 취소 가능 등 소비자 입장에서는 어떤 제품이나 서비스의 특징 가운데 흥미를 불러일으키거나 마음을 끄는 포인트로 설득 포인트가 다르기 때문에 상품을 구매하는 주 소비층의 대상과 니즈, 경쟁사와의 차별화 등을 철저히 분석해야 한다.

Unique Selling Point를 구현하기 위해서 디자인은 어떻게 하면 외형을 아름답고 감성적으로 접근할까? 고민하고, 기능은 기존 상품에서 제공하지 않은 옵션은 무엇이 있을까? 타깃은 1인 가구에 맞는 상품인가? 다가구에 맞는 상품인가? 생각해 보며, 상품 구매에 대한 스토리가 설득력이 있는가? 그리고 상품 배송 시 파손되지 않고 안전하게 전달할 수 있는가? 사용 후기에 상품의 만족도는 어떠한가? 등을 자세하게 확인해야 한다.

현수교 효과는 흔들다리 효과라고도 한다. 위험한 상황이나 고난을 함께 경험하면 연대감 및 친밀감이 생겨나는 심리현상으로 어려운 과정들을 어떻게 극복했는가를 어필하는 것이 핵심이다. 효과적으로 적용하면 고객과의 친밀한 관계 형성을 기대할 수 있다.

“1991년 큰 태풍으로 사과의 90%가 나무에서 떨어졌습니다.
하지만 태풍에도 떨어지지 않은 이 사과를 먹으면
시험에 꼭 합격할 것입니다.”

고객의 심리에 맞춰라. 자전거의 경우 핸들바, 브레이크, 시트, 변속기는 보고 싶어 하는 부분이며, MP3의 경우 메모리, 연속 재생, 배속 지원이 듣고 싶어 하는 부분이고, 원피스의 경우 소재의 신축성이나 촉감은 만져보고 싶어 하는 부분이다. 향수의 경우 어떤 향기의 종류이며 어떤 느낌을 주는지 맡아보고 싶은 부분이며 삼겹살의 경우 불판에 적절히 익힌 사진, 먹었을 때 어떤 맛일까 등으로 맛보고 싶은 부분이다.

특히 동영상 마케팅은 품목에 따라 다르게 제작되어야 한다. 여성 의류는 상품의 특징, 상품의 우수성, 상품의 장점, 브랜드의 우수성을 알린다. 기능성 의류라면 방수, 탄력성 등 실제 기능 테스트 영상으로, 휴대폰 커버 필름은 필름을 부착하는 시연, 스크래치나 눌림이 자동 복원되는 영상으로, 마스카라를 바르는 과정과 방법에 대한 영상, 드라이기 작동법과 바람의 세기를 느낄 수 있는 영상, 두피 모발 샴푸 사용방법 영상, 토종 벌꿀 통을 만드는 모습, 양봉현장 모습, 벌꿀 채취과정 영상, 타 먹는 건강식품의 경우는 제품을 컵에 타서 먹는 영상을 제작한다.

SWOT 환경분석

기업의 목표를 세우고 이루기 위한 기업환경 분석이다.

누구에게 이 제품을 팔 것인가?(Who), 왜 이 상품을 사야 하는가?, 다른 제품이 아닌 이 제품을 왜 사야 하는가?(Why). 이 상품의 특징은 무엇인가?(What), 시장조사는 어디서 해야 하는가?(Where) 등의 질문을 던지며 제품구매 타깃을 정하고, 특징, 장점, 단점을 찾아 구매력을 자극하는 셀링 포인트를 찾아야 한다.

온라인 오픈마켓, 백화점, 마트, 재래시장 등 검색과 방문조사 등을 통해 오늘날의 트랜드와 경쟁상품을 파악해야 한다. 디지털 마케팅 전략은 知彼知己 百戰百勝(지피지기 백전백승)으로, 경쟁업체도 알고 자신도 아는 것이 중요하다.

SWOT 환경분석은 내부자원 분석과 외부자원 분석으로 나뉘는 데 강점과 약점, 기회와 위협이다. SO전략(강점-기회 전략)은 시장의 기회를 활용하기 위해 강점을 적극적으로 활용하는 전략이며, ST전략(강점-위협전략)은 시장의 위협을 회피하기 위해 강점을 이용하는 전략이다. WO전략(약점-기회전략)은 약점을 제거함으로써 시장의 기회를 활용하는 전략, WT전략(약점-위협전략)은 시장의 위협을 회피하고 약점을 최소화하거나 없애는 전략이다.

마스크팩 위주의 화장품 쇼핑몰 사례를 들어 살펴보면 가격이 저렴하고 순한 성분이기 때문에 전 연령층에서 사용이 가능해 온 가족이 함께 사용할 수 있는 것은 강점이지만 제품을 사용하는 주 연령층이 20대이며, 스킨케어 제품은 도입한 지 얼마 되지 않아서 인지도가 낮은 것은 약점이다. 하지만 코로나19로 인해 피부 진정 마스크팩을 찾는 부모 세대가 많아진 것은 기회이고, 셀프케어와 남성케어를 중요하게 느끼지 않는 사람들이 아직 많은 것은 위협이 된다.

SO전략(강점-기회전략)으로 저렴한 가격과 온 가족이 사용할 수 있는 순한 성분임을 강조하며, ST전략(강점-위협전략)은 인스타그램에 남성 모델이 셀프케어를 하는 짧은 영상을 올려 셀프케어의 욕구가 들게 연출하고, WO전략(약점-기회전략)은 부모님 선물용으로 좋다는 점을 강조하여 게시물을 작성한다. WT전략(약점-위협전략)으로 인지도가 낮은 스킨케어 제품의 홍보 글이나 영상을 가장 많이 노출시켜 소비자들에게 익숙하게 만든다.

STP 전략
Segmentation-Targeting-Positioning

기업이 시장 침투를 계획할 때 가장 많이 쓰는 전략 기법으로 고객에 대한 시장 세분화(S), 목표 고객 설정(T), 시장을 공략할 제품을 통해 시장에서 효율적으로 점유하려는 위치(P)를 찾는 것이다. SWOT 환경분석 후 STP분석을 진행한다.

Segmentation(시장 세분화)은 유사한 니즈를 가진 소비자층을 세분화하는 것으로 나이, 성별, 소득, 직업, 개성, 제품에 대한 태도, 혜택 민감성으로 나눈다. Targeting(표적 시장 설정)은 세분화 된 시장으로 나눠진 부분에서 규모, 성장성, 수익성, 경쟁 상황 등을 고려하여 최종 소비자층을 결정하는 과정이다.

채널 설정은 다양한 연령대라면 페이스북, 10~20대 비주얼 콘텐츠라면 인스타그램을, 검색에서 다양한 콘텐츠가 노출되기 원한다면 네이버 블로그를, 영상 콘텐츠 검색과 확산이 중요하다면 유튜브를 선택하는 것이 좋다. Positioning(포지셔닝)은 차별화, 경쟁자로부터 분리할 수 있는 포인트를 찾는 것이다. 2006년 창업한 쇼핑몰「키 작은 남자」의 STP 성공사례이다. 160~175cm 키의 남성들을 위한 쇼핑몰로써 패션 디자인과 센스 있는 코디로 키를 5cm 이상 커 보이게 하는 정보를 제공하며 맞춤 의류를 생산한다. 키 작은 남자를 타깃팅으로 꾸준히 마케팅한 결과 성공적인 포지셔닝을 찾았다.

정관장 「화애락 진」은 갱년기 중년 여성(타깃)을 위한 홍삼 제품으로 홍삼은 40~50대 남성 전용상품이라는 틀을 깬 제품이다. 어머니 선물(포지셔닝)로서 성공적으로 판매되고 있으며 매출이 1년 만에 180% 이상 올랐다.

온라인 쇼핑몰 성공을 위해서는 고객, 경쟁업체, 트렌드를 알고 있어야 한다. 아이템 시장의 세분화를 위해 STP기법을 활용한다. 누구를 위한 상품을 판매할 것인가?

시장에 침투하는 전략적 사고방식으로 나이 및 소득 등 인구통계적 변수 그리고 브랜드 유무, 구매 성향, 가격 민감도 등 다양한 변수로 시장을 쪼개어 본다. 만약 나의 아이템이 액세서리라면 10대부터 30대, 60대까지 모두 취향이 다르다. 화장품도 역시 마찬가지다. 천연화장품, 색조화장품, 여자를 위한, 남자를 위한, 청소년을 위한, 중년을 위한, 노인을 위한 것인지에 따라 다르다. 온라인에서 틈새는 해당 카테고리 안에서 더욱 전문화, 세련된 카테고리를 찾는 것이다.

아이템 선정 시 생각해야 할 것들이 여러 가지가 있다. 나만의 경험이나 장점을 잘 활용할 수 있는가? 일시적인 트렌드에 해당하는 분야는 아닌가? 시장 수요는 충분한가? 성장 가능성이 있는가? 투자비용에 대한 수익성은 충분한가? 자기 자본 규모에 적합한 아이템인가? 비전과 전망이 있다 하더라도 실현할 수 있는 자금이 맞지 않는다면 무리한 투자와 시작은 큰 위험이 될 수도 있다.

대기업이 뛰어들기 힘든 분야인가?

대기업이 골목상권을 침해하면 안 된다는 사회적 이슈가 있지만 막대한 자본 앞에서 사업 시장의 주도권이 뺏기는 경우를 종종 보았을 것이다. 대기업과 경쟁이 아니라 투자를 받는 것을 생각해 보자. 남성형 셔츠를 제작하는 「스트라입스」는 스톤브릿지 캐피탈과 LG생활건강, 두 개의 대기업에서 투자를 받았다.

공급업체와의 거리는 어떠한가?

작은 온라인 쇼핑몰의 경우 재고를 많이 쌓아두고 사업을 하는 것은 위험하다. 최소한의 재고로 효율성 높이기 위해서는 공급처와 거리가 가까울수록 좋다. 배송사고, 급한 주문 처리 등 공급이 쉬운 아이템으로 수급의 안정성을 보장받자. 성공한 쇼핑몰의 경우 제품의 수급이나 관리가 잘 되어서 고객의 만족도가 높다.

오프라인 상품과 차별화 전략이 필요하다. 소비자는 최저가 판매사이트에서 구매를 한다. 하지만 가격만으로 사업을 시작하는 것은 차별화가 아니다. 오프라인 매장에서 쉽게 구할 수 있고, 다른 상품과 큰 차이가 없다면 적립금, 추가할인 혜택이 있는 대형쇼핑몰에서 구매할 확률이 높다. 배송이나 보관이 쉬운 제품이 좋다. 케이크나 꽃, 유리나 도자기 등은 파손위험이 크며, 자전거나 가구와 같이 부피가 큰 제품은 보관장소 및 관리에 신경을 많이 써야 한다. 특히 선물용으로 구매할 경우 배송(일정)사고가 나면 난감해진다.

상품 및 서비스의 차별화 고민이 필요하다. 일반적으로 적은 자본으로 천천히 성장하는 모델로서 적게 팔아도 일정 수익이 날 수 있는 마진율이 높은 제품이 좋다. 보통 유통제품의 경우 평균 30%가 마진율이지만 실제 수익은 더 줄어 쇼핑몰을 원활하게 운영하는 데 어려움이 있다. 작은 쇼핑몰의 경우는 박리다매로 많이 파는 방식이 쉽지 않다.

오프라인 상품과 차별화하는 몇 곳을 살펴보자. 「미새하우스」는 사은품이나 선물 등 미개봉된 새 상품을 판매하려는 소비자들을 위한 쇼핑몰이다(2016년 말 창업, 2017년 상반기 매출 6억).

「된장골」은 전국 각지에서 재래식으로 만든 된장들을 직접 취재하고 제휴를 맺어 판매를 한다. 된장은 마트에서 구매할 수 있지만 손수 담근 재래식 된장을 선호하는 소비자들도 많다. 된장 장인을 찾아가 계약을 맺고 판매하는 쇼핑몰이다.

4P 마케팅믹스

품목의 다양성, 품질, 디자인, 브랜드명 등의 Product(제품/서비스)와 최초 판매 가격, 가격 할인 정책 등의 Price(가격), 판매경로 결정, 제품 구색, 재고관리, 배송 수단의 결정의 Place(유통/채널) 광고, 인적 판매, 판촉 수단의 결정의 Promotion(홍보/판촉)이다.

과일 쇼핑몰로 4P의 사례를 들어보면 Product(제품/서비스)는 국산 과일을 유명 산지와의 공급 계약을 맺어 수급의 안정성과 전문성을 확보하여 매일 도매시장에 새로 입고되는 신선한 과일을 배송한다. 수입 과일은 대형 수입업체와 거래로 제품의 질과 수량을 확보하고, 기타 소량 판매 과일은 청과 도매시장 내 상인들과 협력한다. 제철 과일 위주로 상품을 구성하고 차별화를 위해 오프라인에서 쉽게, 싸게 먹기 힘든 과일을 집중적으로 마케팅한다.

Price(가격)는 매일 과일 도매 시세를 반영하며 소매가를 최대한 낮춰 시장에 진입한다. 가격 경쟁력을 확보하고 실시간 고객 응대를 통해 과일 가격의 합리성을 어필한다. 직접 과일 도매시장에서 관리한다는 이미지를 주고 마트보다 저렴한 가격을 제시한다.

Place(유통/채널)는 개인 과일몰로 오픈하여 차후 오픈마켓 입점과 대형쇼핑몰 입점을 고려한다. Promotion은 주요 포털 사이트를 통한 키워드 광고를 본격적으로 진행하며 블로그로 브랜드를 홍보한다. 오프라인으로 생과일주스 전문점이나 커피숍 등 작은 매장을 영업하여 주기적인 판매처를 늘린다.

영문 번역 대행 서비스나 상담 등 무형의 제품도 전략을 통해 명확하게 사업을 구성하는 과정이 필요하다.

디지털시대 소비자의 역할 변화가 일어났다. 인터넷이 없던 시절에는, 오프라인 시장에서 소비자는, 제품을 소비하는 주체이자, 구매하는 사람으로서 역할을 하였다. 하지만 디지털 시대의 소비자는 능동적으로 제품 생산이나 개발에 참여하며 기업과 파트너 관계로 성장하고 있다. 개인 블로거의 등장으로 기업이 소비자인 블로거나 인플루언서들과 파트너십을 이루기도 한다.

기존의 4P 마케팅믹스는 기업과 고객 간의 단기적 거래에 초점을 두었고, 기업의 일방적 관점, 고객은 통제 불가능한 판매대상이라 여겼으며, 대중이나 표적시장 그룹에 접근하는 방법을 사용하였다. 무엇보다 인터넷상의 변화된 마케팅 환경을 충분히 반영하지 못하고 있다. 그래서 등장한 5C의 경우 기업과 고객의 장기적 관계 유지에 초점을 두었고, 기업과 고객 양자가 고려된 관계 중심적 관점으로, 고객은 통제 가능한 관리 대상이라 여기고, 개인 단위로 세분된 시장을 구성하는 고객과 상호작용을 필요로 하는 방법을 사용하였다. 그리고 디지털시대에 인터넷상 변화된 마케팅 환경을 반영하고 있다.

4C _ commerce, contents, community, communication

Commerce(커머스)는 상품 카테고리를 분류하고, 상품진열 및 상품정보 제공방식을 알려준다. 주문, 검색 프로세스 등이다.

Contents(콘텐츠)는 사용법, 주의사항 등 상품 상세페이지에 상품 사용 후기나 상품 상담을 한다.

Community(커뮤니티)는 자유게시판에 동호회 관련 뉴스를 제공한다.

Communication(커뮤니케이션)은 고객상담 메일, 주문과정 메일, 뉴스레터를 발송한다. 스팸메일과 뉴스레터(소식지)는 '정보가 있는가? 없는가?'의 차이이다. 그렇다면 5C(Collaboration, Contentware, Commitment, Channel, Communication)는 무엇일까?

Collaboration(콜라보레이션)은 네트워크를 구성하는 주체 간에 공동운명체적 관계가 형성되어야 한다는 것으로, 상호이익을 위해 협업해야 한다는 의미이다.

Contentware(콘텐츠웨어)는 상품이 확장된 개념으로 물리적, 디지털적인 서비스를 포함한다. 쇼핑몰에서 단지 제품만을 판매하고 소비자와 거래한다는 생각을 넘어 쇼핑몰에 다양한 체험 코너(자발적 커뮤니티 활동)를 만들고 직접 소통하며 나눌 수 있는 제품을 제작한다.

Commitment(커미트먼트)는 가격이 확장된 개념으로 제품을 사고팔면서 주고받는 가치이다. '돈이나 고객의 동의하에 얻는 정보로서 어떤 서비스를 제공하고, 어떤 대가를 어떤 형태로 받을 것인가?'이다.

네이버 해피빈 서비스, 해피콩(사이버머니)을 모아서 나눔기부를 실천하는 활동 등이다. 블로그에 글을 올리는 등의 활동을 했을 뿐인데 그 활동이 돈으로 바뀌어 기부가 가능하다. 기업은 사회공헌, 소비자는 사이트에서 활동을 인정받아 사회에 기여할 수 있어 서로에게 좋은 비즈니스이다.

<기부 2021.3.20.>

〈기부 2021.12.30.〉

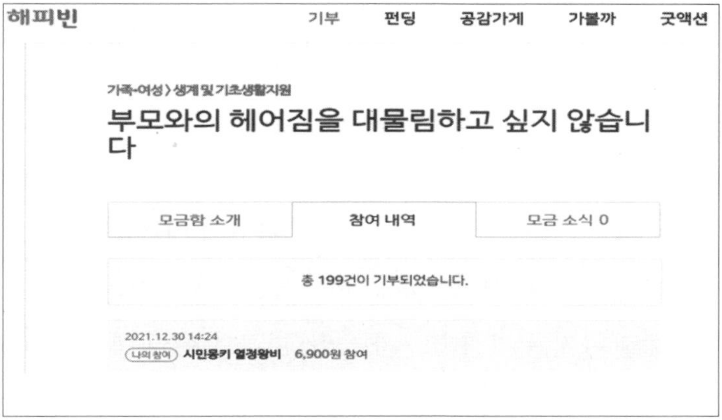

〈출처: 네이버 해피빈 서비스에서 필자가 기부한 내역〉

Channel(채널)은 장소가 확장된 개념으로 (기존 오프라인) 백화점이나 할인마트가 (인터넷) 오픈마켓, 소셜커머스로 변화하고 있으며 수많은 채널 중에서 자신에게 가장 적합하고 대상 고객에게 상품 설명을 전달할 수 있는 효과적인 유통 경로를 찾아야 한다.

Communication(커뮤니케이션)은 프로모션이 확장된 개념으로 인터넷에서 인터렉티브(쌍방향) 대화방식이 그대로 구현된다. 기업은 메시지를 전달할 고객을 선택하고, 그들에게 '좋아요' 등의 프로모션 반응을 얻는다. 메시지는 빠른 시간에 널리 홍보된다.

SNS 마케팅 콘텐츠 덕목에는 진실, 성실, 겸손, 세 가지가 있다. 나중에 거짓이 밝혀졌을 때 위험을 줄이는「진실」, 고객과의 관계를 지속적으로 가질 수 있는 기반인「성실」, 내 의견을 강하게 주장 했을 때 책임감의 부담을 줄여주는「겸손」이 있다. 그리고 '문청사례'(問請謝禮)를 떠올려보자.

問(물을 문)은 사업을 하면서 인쇄물, 상품의 이름, 서비스 가격 등 결정해야 할 일이 많다. 시안 고르기 등 결정을 하기 위해 질문을 하거나 의견을 구하는 글, 다른 사람의 댓글, 즉 참여를 유도한다.

請(청할 청)의 경우는 사업은 많은 사람의 손길이 필요하다. 네트워크 확장에 도움이 되며 대화 내용에서 서로의 분야에 대한 정보 교환이 일어나고, 협업을 촉진시켜 사업의 새로운 기회를 모색할 수도 있다.

謝(사례할 사)는 주로 댓글과 답글을 통해서 이뤄진다. 사람들의 자료조사, 의견, 사람소개 등 다양한 참여에 대한 감사 표현을 한다.

禮(예절 예)를 지킨다. 친한 사람이라 하더라도 의견에 감정적으로 대응하여 불편한 대화가 오고 가는 것은 바람직하지 않다. 사실관계를 밝혀야 하는 경우 단호하게 대응해야 할 때도 있지만, 비속어를 쓰거나 감정적 표현을 자제하는 것이 좋다.

디지털 생각+ 온라인 마케팅 VS 오프라인 마케팅

온라인 마케팅의 경우 SNS와 라이브커머스 네이버 스마트스토어 등을 적극적으로 활용하여 홍보를 하고 노출을 시킨다. 온라인 마케팅은 시간과 공간의 제약이 오프라인 마케팅에 비해 적게 받기 때문에 비용 대비 홍보 효과가 좋다.

오프라인 마케팅의 방법으론 지하철, 버스, 아파트의 게시판 광고와 매장 방문 시 사은품을 증정하는 등의 방법이 있으며 영업사원을 고용하여 영업을 직접 할 수도 있으나 시간과 비용이 많이 들어간다(대학생 G).

오프라인에서는 매장 내 태도, 유니폼 등 정해진 것이 있다. 하지만 온라인은 자유롭다. 글을 썼다 지울 수도 있고 타깃을 직접 정해서 다가갈 수도 있다(대학생 P).

온라인 마케팅의 경우 라이브커머스 등을 활용하여 연말, 새해 때 코로나19 등으로 이동을 못하는 경우, 쉽고 간편하게 온라인 마케팅을 할 수 있다.

기본적으로 매장, 백화점 등에서 온라인 마케팅과 다르게 실제로 보고 느낄 수가 있어 고객에 대한 호소력이 강해, 현장에서 즉시 전달로 오프라인 마케팅을 할 수 있다(대학생 M).

온라인은 PC나 모바일로 진행을 할 수 있고, 장소에 대한 규제가 없으며 따로 드는 추가비용이 없이 할 수 있다. 대면은 자료를 보여주며 설명해 줄 수 있어 고객의 이해도가 높아진다(대학생 L).

온라인 마케팅을 한다면 네이버 스마트 스토어에 직접 상품을 게시한다. 혹은 SNS 인스타그램, 페이스북 등을 이용하여 소비자들에게 먼저 다가가 제품을 홍보한다. 팜플랫 등이나 홍보물을 만들 때 쇼트 영상을 이용하여 제품의 효능 등을 눈길을 끌 수 있도록 제작한다. 오프라인 마케팅은 직접 찾아갈 수 있다. 전단지를 만들어 소비자가 찾아오게 유도한다. 상담 같은 서비스를 이용하여 소비자들의 궁금증을 오프라인으로 묻고 답해준다(대학생 J).

2022년에 신년 운세를 뽑을 수 있는 기회를 주며 쿠폰 뽑기를 하여서 10% 세일, 15% 세일, 5% 세일 모바일 쿠폰을 발행한다. 오프라인에서는 12월을 맞이하여 12% 세일을 한다. 20살이 된 03년생들을 위한 이벤트(수험표&주민등록증)를 진행한다(대학생 H).

인스타그램, 페이스북, 카카오톡 플러스친구, 블로그 등으로 콘셉트와 타깃에 맞게 템플릿 같은 것을 제작하고, 이벤트 등을 알기 쉽게 공지해야 한다.

매장으로 할 경우, 전단지로 홍보를 하거나, 매장에 예쁜 꾸미는 기구들로 장식하여 손님들이 많이 올 수 있도록 한다. 연말과 새해 기념으로 1+1이나 할인 행사 등을 적극적으로 홍보한다(대학생 S).

내가 마케팅을 한다면 SNS를 사용하여 마케팅을 해볼 것이다. 예를 들면 네이버 블로그, 페이스북, 인스타그램 등 여러 사람이 볼 수 있는 SNS를 사용하면 마케팅의 효과를 크게 볼 수 있다.

네이버는 블로그로, 인스타그램은 해시태그를, 페이스북은 전체 공유를 한다면 '온라인 마케팅을 충분히 하지 않을까'라는 생각이 든다. 오프라인이면 직접 길거리에서 마케팅을 한다. 설문지를 조사한다던가, 보기를 두고 스티커를 붙인다든가 하는 경우가 있다(대학생 K).

블랙프라이데이를 통해 가격할인을 한다. 또한, 배송비 무료나 플러스 혜택을 줌으로써 마케팅을 한다. 그리고 해시태그 이벤트나 팔로우 이벤트를 통해 추첨을 하여 제품이나 쿠폰을 주는 방법으로 마케팅을 한다. 직원이 나서서 고객을 불러오는 방법, 매장을 연말과 새해 분위기로 꾸며 놓는 방법도 있다(눈을 사로잡아야 손이 간다고 생각함). 포장 방법을 연말과 새해 느낌으로 바꾸는 것이다. 시즌 제품을 만드는 방법도 있다(대학생 D).

chapter **03**

오픈마켓 마케팅

blog
YouTube

"얼마나 열심히 일하는가를 말하지 말고,
얼마나 많이 해냈는가를 이야기하라."

제임스 링

키워드 : 디지털 마케팅 데이터

검색창에 입력하는 Keyword(키워드)는 Needs(일차적 니즈)와 Want(이차적 니즈)가 담긴 소중한 마케팅 데이터이다. 온라인 쇼핑몰의 성공을 위해서는 첫째, 고객을 알아야 한다. 둘째, 고객을 알아야 한다. 셋째, 고객을 알아야 한다. 고객을 바로 아는 회사만이 사회변화와 경쟁에서 살아남을 수 있다.

Keyword 분류 기준을 알아보자. 예를 들어 휴대폰 키워드를 중심으로 본다면 Header(제품의 큰 범주)는 핸드폰, 휴대폰, 스마트폰이며, General(제품의 작은 범주)은 효도폰, 키즈폰, Brand(브랜드로 범주)는 갤럭시, 아이폰, Specific(개별 제품 유형)은 갤럭시 노트, 아이폰X 등으로 나눌 수 있다.

여성의류를 키워드로 본다면 핵심 키워드는 여성의류, 보세

의류, 수입의료, 청바지, 티셔츠로, 브랜드 키워드는 지고트, 잇미샤, 스타일난다이며, 주변 키워드는 여성 청바지, 여성 수입 보세의류로, 확장 키워드는 싼 여성 의류 파는 곳, 이쁜 보세 의류 쇼핑몰이다. 시즌 키워드는 입학선물, 어버이날 선물, 설빔, 크리스마스 선물로, 기념일 키워드는 결혼기념일, 프러포즈, 생일선물, 돌잔치로 나눌 수 있다.

구매 의도가 분명한 성향의 키워드인 쇼핑성 키워드와 숨은 의도, 구매 의도, 정보 탐색 의도가 함께 있는 다의성 키워드, 가격비교, 성형 수술 비용, 패션 트렌드 등 구매보다는 정보를 찾고자 하는 정보성 키워드도 있다. 예를 들면 구두쇼핑몰, 꽃배달 추천, 할인 항공권 등은 검색 후 바로 구매할 확률 높은 쇼핑성 키워드이며 아토피, 인테리어, 보험가입 또는 단순 보험상품 비교는 다의성 키워드이다.

정보에 접근하는 방식은 소비자마다 제각각이다. 서처(searcher)는 자신의 목적이 분명해 세심하게 정보를 탐색하는 소비자이며, 서퍼(surfer)는 흥미나 즐거움, 여가를 소요하기 위해 단순하게 서핑하는 소비자이다. 평소에는 서퍼(surfer)이지만 목적이 생길 때 서처(searcher)로 변신한다. 서퍼(surfer)를 대상으로 홍보용 블로그 유입유도를 위해 전략적인 키워드를 배치한다.

소비자가 정보를 탐색하는 방식은 목적단계에 따라 다르기 때문에 키워드와 키워드 노출 전략도 상황에 따라 달라야 한다.

키워드를 찾는 과정은 창업 후에 해도 되지만 인터넷 마케팅 차원에서 조사하는 과정이며, 창업 전 시장을 분석하는 하나의 방법이다. 1단계에서는 기본 검색을 통한 키워드 풀(POOL)을 구성한다. 블라우스를 판매하는 쇼핑몰이라면 블라우스라는 카테고리가 있고, 블라우스라는 상품명도 존재하고, 지식인에는 여성 블라우스 추천이라는 글도 있다.

대표성을 띠는 1차 키워드를 선발해야 한다. 2단계는 확장 검색을 통한 키워드 풀(POOL)을 구성한다. 연관 검색어는 검색엔진에서 연관 키워드 혹은 추천 검색어 등으로 제시되며, 시즌 검색어는 시즌과 기념일에 해당되고, 지역 검색어는 인천 꽃배달, 강남 꽃배달과 같은 것이며, 부가 검색어는(수식어가 붙는 형태) 예쁜 가방, 싼 노트북, 여자 목걸이 등, 오타 검색어는 에어컨/에어콘, 초콜릿/초콜렛(외래어), 목골이(단순한 오타)가 있다.

네이버 검색광고 페이지 접속하면「키워드 도구」툴을 제공한다. 광고주 신규 가입하고, 약관동의를 한 후 광고주 유형을 선택(사업자 광고주/개인 광고주)하고 개인정보를 입력하면 가입이 완료된다. 블라우스, 아동용품 키워드를 조회하면 1,000개 정도의 키워드를 추천해준다. 3단계는 최종 마케팅 대상 키워드를 선택한다. 키워드마다 상황이 다르기 때문에 1, 2차 키워드 풀을 만들고, 3차 키워드를 선별하여 조사한다.

조회수가 많은 키워드나 경쟁자가 광고를 진행하면 입찰로 정해지는 광고비 부담이 크다. 클릭률과 예상구매율을 고려하여 광고용 키워드와 홍보용 키워드를 분리한다. 조회수가 많은 대표 키워드보다 조회수는 적지만 상대적으로 구매율이 높은 세분된 키워드가 좋다.

과일 쇼핑몰에서 「오렌지」라는 키워드보다 「퓨어스펙 오렌지」가 키워드 광고비는 적으면서 구매율은 더 높다. 가치 있는 키워드는 구체적이고 세분화된 키워드이다. 스키니진을 구매하고 싶은 여성 소비자는 검색창에 '청바지'라고 쓴다. 포털사이트에 청바지를 취급하는 쇼핑몰 검색되지만 여성? 남성? 브랜드? 보세? 다시 검색창에 「여성 청바지」라고 쓴다. 마음에 드는 검색결과가 아니라서 결국 다시 검색창에 「여자 스키니진」이라고 쓰게 된다.

온라인 상권분석 프로세스

키워드 월간 조회수는 예상 클릭수와 방문자 수, 예상구매율과 매출액을 예측할 수 있다. 키워드 월간 조회수는 키워드 상권의 유동 인구 수이며, 예상 클릭수과 방문자 수는 매장에 들어오는 고객의 수, 예상구매율은 100명 방문 시 실제 구매자 수, 매출액은 「실제 구매자 수 X 평균 객단가」이다. 주력 키워드를 찾아내고 노출하여 방문을 유도하고 구매하게 한다.

단계별 프로세스는 전략적으로 고민하고, 적중률을 높이기 위해서는 더욱 세분화하고 고객을 더욱 명확히 하여 차별화된 콘셉트여야 한다.

타당성, 현실성, 완전성은 사업계획서가 갖추어야 할 3가지이다. 사업계획서에 들어가야 할 내용에는, '구상 중인 사업은 무엇인가? 고객은 누구인가? 재무계획은 어떠한가? 제품 및 서비스를 고객에게 어떻게 알릴 것인가? 경쟁자는 누구이며 차별성은 무엇인가? 어떻게 운영해 나갈 것인가? 경영자의 자질은 경쟁력이 있는가? 장기적인 전망은 어떠한가?'이다.

플랫폼(쇼핑몰) 창업 예산리스트에는 아이템에 따라 다르지만, 초도 물품 신고비, 사업자 신고비(통신판매업 신고비용/간이과세자는 무료, 일반 과세자는 45,000원), 쇼핑몰 브랜드 선정(도메인 등록비 개당 1~2만 원), 쇼핑몰 솔루션 구매비(무료 구축 가능/ 임대형 사용료 최대 5만 원 내외), 디자인 제작비(맞춤 제작시 200만 원 내외/ 스킨 디자인 50만 원 내외), 상품 사진 촬영장비 구매비(카메라 구매 및 조명, 소품 구매비 통상 200만 원 내외), 카드결제 시스템 세팅비(무료~20만 원), 포장 및 명함 제작비(10만 원 미만), 아이템별로 다르지만, 포털 광고비 기기 구매비, 사무실 임대료, 팩스, 컴퓨터, 전화, 인터넷 비용, 스캐너 등의 기타 비용을 포함시켜야 한다.

꿈은 머릿속으로만 꾸는 것이 아니라 글로 적어야 실현 가능성이 더 높다. 직접 사업계획서를 작성해 보아야 실제 사업에 대한 전체적인 구도가 그려진다. 구체적으로 사업계획서를 써 보자. 사업개요에는 어떤 사업을 할 것인가?, 아이템 소개, 사업 비전, 목표설정, 사업장 위치 및 조직도를 기입한다.

상품화 계획은 어떤 창업 아이템인가? 어디서 공급받는가? 초도 수량은 어느 정도인가? 마진과 수익률 고려하여 상품가격은 어떻게 책정할 것인가?

재무계획은 '자본금은 얼마나 계획하는가? 자기 자본은 얼마인가? 타인 자본은? 자금은 어떻게 조달할 것인가? 시설 준비 자금은?' 어떠한가를 작성한다. 자금운용 방법은 일과 마감시간에 매출과 매입을 확인하는 습관을 들이고, 세금계산

서와 영수증 등 서류를 별도로 챙겨(부가세, 소득세) 두며 매출매입 통장, 일반관리비 통장, 특별비용 통장 등 용도별 통장을 구분한다.

매출과 수익에 비례해 광고비 의존도가 높지 않도록 하며(초기에는 마케팅 비용이 많이 듦), 세무사에게 조언 및 절세하는 방법을 배운다.

시장 환경분석은 아이템 시장 규모 및 전망, 온라인 키워드 분석을 통한 고객 수요 파악, 경쟁몰 분석을 한다.

경쟁력 분석은 SWOT, STP, 4P 등의 방법론으로 포지셔닝을 고민하며 세분화하여 더욱 정확한 타깃을 정해 차별화 전략을 짠다.

플랫폼(쇼핑몰) 목표설정은 하루 방문자수, 회원 수, 매출 규모 등 구체적인 목표치를 정한다. 원대한 목표만 있고, 이룰 방법이 없다면 허황된 계획일 뿐이다.

플랫폼(쇼핑몰) 구축 전략은 브랜드 선정, 디자인 기획을 하여 플랫폼(쇼핑몰) 콘텐츠, 커뮤니티와의 연계 방향 등 플랫폼(쇼핑몰)만의 독특한 콘셉트가 필요하다.

마케팅 전략은 거래를 촉진하는 활동으로 상품화 계획, 채널 확보, 이벤트 전략, 제휴전략, 온라인광고전략, 홍보전략이다. 홍보 활동은 온라인에 한정하지 않고 전통적인 매체 TV, 신문, 잡지도 활용한다. 이 전략이 구체적일수록 창업 후 빠르게 실행이 가능하다.

사업 추진 계획은 일정표를 만든다. 지금까지 계획한 것을 어느 시점까지 완성할 것인가? 일정에 맞춰 모든 과정이 이루어지도록 책임감을 가진다.

도메인: 웹 주소

도메인은 사람이 이해하기 쉬운 영문자로 표기한 웹 주소이다. 인터넷 네트워크에 연결된 컴퓨터들은 숫자로 된 고유의 주소를 가진다. 주소는 4개의 영역으로 이루어지는데 IP주소는 점과 0~255의 숫자로 구성, 전 세계적으로 중복되지 않게 되어있다. 독자적인 숫자로 배열되어 있으며 인간의 기억력으로 IP주소를 찾아 접속하기가 힘들다. 사용자가 간편하게 접속할 수 있게 한 것이 영어로 구성된 도메인의 이름이다.

근육맨닷컴은 운동을 좋아하는 남성들이 섭취하는 영양보충제 사이트이다. 「Kun6man.com」은 '육'자를 '6'으로 바꿔 사람들의 기억 속에 남게 하였다. 「www.소풍가는날.co.kr」과 같이 한글 도메인은 2~17자 이내로 작성해야 한다. 「.com/.co.kr」은 영리를 목적으로 하는 기업이나 기관이다. 「.net」는 네트워크를 관리하는 기관이지만, 현재는 비즈니스 기업에도 널리 사용되고 있다. 「.biz」은 비즈니스 관련된 영리 목적의 기업이 사용한다. 「.tv」는 방송 및 영상제공 서비스 기관이, 「.kr」 도메인은 한국인터넷진흥원에서 관리한다.

좋은 도메인은 곧 좋은 브랜드이다. 쉽게 기억될 수 있는 것이 좋은 도메인이다. 「Koreanpresent.com」(한국인의 선물)과 같은 쉬운 영단어 조합으로 이루어진 영문 도메인은 대부분 선점이 되어 등록하기가 쉽지 않다. 다소 길어도 쉽게 유추할 수 있는 것이 좋다. 칠판닷컴, 플라워샵, 애플스토어, 카오디오몰 등 브랜드에 핵심 키워드를 대입한다.

그리고 다수의 경쟁 플랫폼(쇼핑몰)과 차별이 어려울 수도 있는 과일천국, 과일랜드, 과일나라는 피한다. 다음, 11번가, 인터파크, 티몬, 쿠팡 등과 같이 회사명(한글)과 쇼핑몰 브랜드(한글)와 도메인 이름(영문)을 동일하게 하여 소비자에게 일관된 이미지를 전달하는 것이 좋다.

쇼핑몰 콘셉트를 브랜드화한다. 조아맘, 나인걸, 스타일난다 등과 같이 걸 또는 맘이라는 타깃을 목표로 하거나 스타일이나 색, 즐거움 등 다양한 콘셉트를 이름으로 소화한다.

도메인과 브랜드 그리고 회사 이름을 동일하게 사용하는 것이 좋다. 나쁜 예로 회사명은 「시민의꿈평생교육」, 도메인은 「시민몽키열정왕비」이다. 브랜드는 「열정왕비」로, 열정왕비로 키워드 검색하면 「시민몽키」와 「시민몽키열정왕비」가 나온다. 세금계산서 발행할 때 도매업체가 혼란스러워할 수도 있다.

도메인 등록 방법과 주의사항을 알아보자. 검색엔진에서 '도메인', '도메인 등록' 키워드를 검색하여 대행사를 찾는다. 도메인 등록 가격이 다르기 때문에 2~3개 이상의 업체를 검색해서 가격을 비교해 본다. 다년 등록의 할인율에 현혹되지 말고 처음에는 1년만 등록하자. 도메인은 일정 기간 연장하는 것을 기억하자. 지속적인 연장을 통해 영구소유권을 가질 수 있으며 매년 금액을 지급해야 한다.

메인 등록 대행사의 네임 서버를 체크하자. 쇼핑몰 호스팅 업체가 도메인 등록 대행사에 바꿔 놓아야 도메인과 쇼핑몰이 연결된다. 쇼핑몰 솔루션 취급회사는 쇼핑몰 관리 프로그램과 도메인 등록서비스를 연계해준다. 쇼핑몰 프로그램 도메인 등록 서비스는 「싼 도메인」, 「고도몰」, 「카페24」가 있다.

「co.kr」과 「.com」을 함께 관리한다. 검색엔진에서 등록할 때 「.com」 도메인만 쓰는 경우에 경쟁몰로 접속되는 상황도 있을 수 있다. 차후 상표권 또는 도메인과 상관 부분도 있어 타사 도메인에 영향을 끼치지 않는 도메인을 사용하는 것이 바람직하다. 도메인 상표권 등록으로 보호받는다.

「상표법 제2조, 상표에 관한 정의」에서 상표란 상품을 생산/가공/증명 또는 판매하는 것으로 업으로 영위하는 자가 자기의 업무에 관련된 상품을 타인의 상품과 식별되게 하려고 사용하는 기호/문자/도형/입체적 형상 또는 이들을 결합한 것 또는 이들 각각에 색채를 결합한 것을 말한다. 상표등록비용은 출원비용과 등록비용을 합한 것을 의미한다.

출원비용은 최초로 신청할 때 발생하는 비용이다. 최종 등록비용은 약 1년 뒤 특허청 심사결과에 따라 지급하며 몇십만 원에 이르는 비용이 든다. 출원부터 최종 등록이 승인되는 데까지 소요 기간은 6개월에서 1년 정도 걸리며 상표 등록 후 10년 동안 자격이 유지된다. 10년이 지나더라도 10년마다 갱신 출원/등록과정을 거치면 특별한 사유가 없는 한 영구적으로 권리 연장이 가능하다.

오픈마켓의 좋은 점과 좋지 않은 점은 무엇일까? 우선 개인딜러 자격으로 물건 판매가 가능하다. 즉, 사업자 신고 없이 판매 가능하다. 단품으로 장사를 시작할 수 있으며 제품 판매에 대한 모든 제반 기술이 제공된다. 오픈마켓 자체 홍보로 직접 고객 모집 홍보가 쉬우며 비교적 저렴한 투자비용으로 창업을 할 수 있다.

그렇다면 좋지 않은 점은 무엇일까? 100원이라는 가격에도 경쟁업체 비교가 치열하며, 유통 경력이 있는 사업자에게 유리하다. 구매고객이 꼭 자신의 쇼핑몰을 기억하지 않아 단골확보가 어렵다. 국내 오픈마켓의 경우 11번가, G마켓, 옥션의 점유율이 높으며, 요즘 네이버 쇼핑 플랫폼이 핫하다. 특히 오프라인 매장을 가지고 있는 업체의 경우 온라인 쇼핑몰 창업 시 네이버 쇼핑의 '쇼핑윈도' 서비스를 사용하면 유리하다. 오픈마켓 별로 사이트에 입점 문의를 하면 필요한 서류, 교육센터, 컨설팅 등 다양한 서비스를 제공받을 수 있다.

쇼핑몰 구축 방법에는 3가지가 있다. 독립형/ 임대형 개인 쇼핑몰 창업과 계약방식(대형몰 입점/ 오픈마켓 입점)의 오픈마켓 입점 창업이 있다. 그리고 커뮤니티형 창업이 있는데, 이것은 쇼핑몰 형태라기보다는 고객과의 대화형 소통을 통해 이벤트성으로 제품 판매방식을 취해서 홍보 채널에 가까운 방식으로 커뮤니티 기반 카페, 블로그, 인스타그램(카카오스토리, 네이버 밴드)이다.

온라인 마켓플레이스는 온라인 장터다. 많은 판매자와 구매자가 모여 물건을 사고파는 공간으로 다수의 판매자가 자유롭게 경쟁하는 시장이다. 오픈마켓은 판매자에게 물건을 파는 공간, 마케팅 대행, 미니샵 제공 등의 관리와 마케팅 서비스를 지원하고, 구매자에게 안심하고 거래할 수 있도록 수취 확인 제도(에스크로스 서비스)를 운영하며 판매자와 구매자 모두에게 편익을 제공한다. 온라인 쇼핑채널에서 오픈마켓 거래액은 많은 비중을 차지하고 있다.

디지털 생각+ 온라인 마케팅에서 가장 중요한 것

SNS 홍보마케팅 1순위는 무조건 제품이 먼저 뒷받침해줘야 소비자를 유인할 수 있고, 유행을 탈 수 있다고 생각한다. 1번이 소비자라고 생각했었지만 직접 SNS 홍보마케팅을 실행해 보니 소비자보다는 제품인 것 같다. 제품이 눈길을 끌 수 있어야 소비자들의 반응과 흥미도도 같이 움직이는 것 같다(대학생 U).

SNS 홍보마케팅 시에 예의, 윤리가 중요하다고 생각한다. 고객에게 밀접하고 친근하게 다가갈 수 있는 만큼 불쾌한 언행을 사용했을 시, SNS상에서 크게 논란, 이슈가 되어 회사 이미지에 큰 타격을 줄 수 있다.

반대로 고객을 신경 쓰려는 마음, 기본이 보이면 SNS로 기업 칭찬, 관심이 커진다. 주로 SNS 홍보마케팅은 젊은 층만을 생각하면 될 것 같지만(SNS의 사용 나이대를 생각하여) '독거노인' 등을 돕는데 힘을 쓰는 매일유업이 SNS에서 젊은 사람들에게 칭찬이 되고 있다.

개개인의 SNS, 사소한 글의 '그 기업이 어떻다고 하더라'라는 말들은 마케팅에 영향을 준다. SNS 홍보마케팅은 '좋은 기업'

이라는 기초가 있어야 한다(대학생 C).

상품의 질과 인플루언서이다. 우선 인플루언서라고 말한 이유는 젊은 소비자의 경우 '좋아요'를 많이 받는 인플루언서를 동경하고 제품을 구매했을 때 자신을 인플루언서와 동일시하며 사람들이 '좋아요'를 다수 누른다는 것에 기쁨을 느끼며 팔로워가 안 사면 도태될 것 같다는 군중심리를 느끼도록 이용하기 때문이다. 상품의 질을 택한 이유는 유튜버 의류판매 00의 경우 저가의 저질 상품을 자신의 명성을 이용해 판매하다 실패한 사례로 뽑히는데, 이처럼 유명한 인플루언서의 상품이라도 상품의 질이 좋지 않으면 혹평으로 기업 이미지에 더욱 큰 타격을 입힐 수 있기 때문이다(대학생 E).

홍보마케팅은 쉽다고 생각하지만, 막상 하려면 시간이 많이 든다. 그리고 홍보할 것의 설명과 내가 무엇을 팔고 있는지를 잘 홍보하기 위해 고객의 욕구와 제스처 등을 고려해야 한다(대학생 Q).

고객을 기만하지 않는 것이 중요하다고 생각한다. 온라인 마케팅은 실제로 고객을 대면하지 않지만 그런데도 고객을 실제로 마주한 것처럼 정직하고 친절하게 대해야 한다고 생각한다. 또한, 과장이나 허위로 알리지 않는 것도 중요하다. 특히 SNS 등을 통해 고객은 모든 걸 빨리 파악하고 등을 돌리기도 한다. 아무리 좋은 이미지라도 금방 무너질 수 있기에 본질(예의, 존중 등)을 잘 지켜야 한다(대학생 A).

상품성이라고 생각한다. 그 이유는 인터넷을 구매할 때 보고, 만지지 못하기 때문에 불안감을 가지고 구매하는 경우가 대부분이고 주문 이후 받아 보았을 때 상품성이 생각보다 좋다면 그 쇼핑몰의 모든 상품 가치를 전보다는 높게 평가할 것이고 재구매 의사가 높아지기 때문이다(대학생 H).

상품에 대한 이해도가 있어야 소비자가 질문을 했을 때 막힘없이 주문할 수 있고, 소비자에게 어떠한 말을 해도 설득력 있게 대화를 진행할 수 있기 때문이다(대학생 B).

제품을 판매하기 위한, 인지도를 늘리기 위한 SNS 홍보마케팅에서 가장 먼저 해야 할 첫 번째 일은 콘셉트와 타깃을 정해야 한다고 생각한다. 왜냐하면, 제품을 어떤 식으로 판매를 할지 이것저것 하면 괜히 여기는 뭐 하는 곳인지 소비자들이 잘 모를 수 있기 때문에 콘셉트를 정해야 하고, 나이대, 성별, 직업 등 타겟이 정확해야 홍보 인지도를 더욱 올릴 수 있다고 생각하기 때문이다(대학생 T).

전략이라고 생각한다. 마케팅과 이익에 눈이 멀어서 거짓된 정보나 과장된 정보를 통해 마케팅을 하게 되면 진실이 밝혀졌을 때 피해가 크기 때문이다. 진실한 정보를 통해 마케팅을 해야 한다(대학생 G).

어떤 식으로 홍보를 할 것인가? 사람들이 많이 사용하는 해시태그나 유명 인플루언서에게 홍보를 부탁한다면 노출이 많이 되고, 많이 홍보가 될 수 있을 것이다(대학생 M).

팔로워다. 팔로워가 있어야 사람들에게 많이 노출되기 때문이다. 상품이 아무리 좋아도 잠재고객이 없으면 소용없다. 팔로워 늘리기, 해시태그, 게시글 공유 이벤트를 통해 고객 확보하는 것이 중요하다(대학생 K).

'이것이 사람들에게 필요할까?'라는 생각을 하는 것이 중요하다. 아무리 홍보마케팅을 한다고 하여도 사람들의 흥미와 관심을 가질 수 없다면 모든 것이 수포가 되기도 한다(대학생 Y).

소비자를 설득할 수 있는 근거가 있어야 한다. 7하 원칙을 준수하며 주제를 정하고 필요한 소재를 적는 계획이 중요하다(대학생 F).

위기관리능력(임기응변)이 중요하다고 생각한다. 어떠한 변수가 작용할지 모르기에, 그러한 문제점을 쉽고 빠르게 재치있게 대응할 수 있어야 하기 때문이다(대학생 Z).

카테고리, 연관된 사람들, 팔로우. SNS로 홍보를 하였을 때 연관된 사람들이 팔로우가 되어있을 때는 그 사람들의 관심사로 카테고리에도 뜨게 되어 좋은 홍보가 될 수 있다(대학생 W).

chapter **04**

네이버 스마트스토어 마케팅

blog
YouTube

"너무 빨리 무엇을 이루려고 하지 말라.
조그만 이익에 너무 연연하지 말라.
무리하게 빨리 무엇인가를 이루려 한다면
목표에 도달하지 못할 것이다.
조그만 이익에 연연하면 큰일을 이루지 못할 것이다."

공자

기존 소비자들의 가치(value)는 어떻게 변할까(variation)?[2] 흥미를 가지고 재미를 느끼며, 의미 있게 할 수 있는 일, 지금 여기서, 할 수 있는 만큼 디지털 마케팅을 해보자. 일에 있어서 시작이 매우 중요하다는 것을 모두 알고 있다.

모든 것을 완벽하게 준비할 수는 없지만, 아무것도 준비하지 않은 채 판매를 시작하는 것은 시행착오를 반복하며 판매를 포기하게 되는 지름길이다. 인테리어가 끝나지 않은 가게의 개업식을 할 수 없다. 플랫폼(쇼핑몰)도 나의 스토어를 탄탄히 갖추고 준비한 후 개업식을 해야 한다. 고객이 나의 스토어에 방문할 수 있는 여러 길을 만들고, 스토어 내부를 꾸며 상품을 진열한 후에 개업식을 해야한다.

2) 김난도 외(2021). 트렌드코리아 2022.

네이버 스마트스토어 운영 이유

이제는 모바일 쇼핑으로 오픈마켓의 시장이 더욱더 확산되고 있다. 전 세계적으로 모바일로 물품을 구매하는 비율이 약 80%가 넘는다. 1996년에 국내 최초 인터넷 쇼핑몰 인터파크 등장하였다. 1998년에 옥션, 1999년에 G마켓, 2008년에는 11번가(2017년 총거래액 기준 1위), 2010년에 쿠팡 · 티몬 · 위메프 등 소셜커머스 마켓이 등장하였다.[3)]

11번가, 옥션, G마켓 등은 「오픈마켓」이며, Zigzag, BRANDI, ABLY은 「전문몰·전문앱」이고, CJ몰, SSG.COM, GS SHOP, LOTTE.COM은 「종합몰」이며, 쿠팡, 위메프, 티몬은 「소셜커머스」의 형태이다.

「소셜커머스」는 판매자의 가입비가 없으며, 쇼핑 희망 고객 유입, 판매수수료 발생, 별도의 판매상품 입력 정책인 딜과 프로모션 등에 관해 MD와의 협업이 필요하고, 부가적인 서비스 수수료가 발생한다. 「오픈마켓」도 판매자의 가입비가 없고, 쇼

3) 김도균(2020). 네이버 쇼핑 스마트스토어로 상위노출하라

핑 희망 고객을 유입하고, 판매수수료가 발생한다. 노출 증대를 위해 오픈마켓 내 광고가 필요하며 동종 아이템의 가격 경쟁, 유사 아이템 노출 순위 경쟁도 해야 한다.

「개인쇼핑몰」의 경우도 판매수수료는 없다. 단 온라인 결제수수료는 발생한다. 자체 프로모션 및 단골고객 관리가 쉬우며 나의 상품들로만 구성이 가능하고, 쇼핑몰 구축시간과 비용이 발생한다. 구축 후 신규 방문 유입을 위한 마케팅이 필요하다.

왜 네이버 스마트스토어일까?

스마트스토어는 5~6년 동안 두드러진 성장세를 보이고 있다. 신흥강자이다. 2017년 총거래액 4조 6,000억 원, 2018년 8조 원을 돌파하며 2배에 가까운 성장을 하였다. 검색엔진 알고리즘의 노하우를 인공지능을 통한 네이버 쇼핑 랭킹 로직에 접목하여 소비자의 선호도에 따라 무료로 네이버 메인화면 노출이 가능하다.

1999년 시작한 네이버는 회원 수 4,200만 명으로 국내 최대 포털 사이트다. 하루 방문자 4,000만 명에 이르며 국내 포털 사이트 트래픽의 약 60% 정도를 차지하고 일일 쇼핑 상품 검색 3,000만 건 정도가 된다. 스마트스토어의 수수료는 1~5.85%, 쿠팡은 5~10%, G마켓은 4~13%(도서·음반 15%), 11번가는 7~13%, 위메프는 10~20%로 네이버가 업계 최저 판매수수료이다.

유통사업에 있어 중요한 것 중 하나는 자금회전이다. 상품 발송 후 다음 날(집화기준) 판매대금 80% 받을 수 있는 「퀵에스크로」 선 정산 서비스를 2019년부터 실시 중이며 이는 정산주기를 최대 10일 이상 단축한 것이다. 「선 정산 서비스」는 현금이 필요한 판매자에게 플랫폼에 묶여있는 정산금액을 대금 결제일 전에 정산하여 판매자의 자금회전율을 돕고, 현금 유동성을 높여, 안정적으로 사업을 운영할 수 있도록 해주는 서비스이다.

네이버 쇼핑의 배열형태는 세로로 사용자 환경을 소비자 중심으로 하고 있다. 진열 상품의 개수는 PC로는 한 페이지에 광고상품 4개와 일반상품 40개, 모바일에서는 한 페이지에 광고상품 2개와 일반상품 3개이다. 11번가와 G마켓의 배열형태는 가로로 사용자 환경이 판매자 중심이며 진열 상품 개수는 각 영역에 따라 다르다. 사입은 상거래를 목적으로 물건을 사들이는 것으로 직접 제품을 생산하지 않는 이상 판매자에게 사입은 필수이다. 판매할 상품을 기획하기 전에 먼저, 「스마트스토어 안전거래 가이드 상품등록정책」에 나와 있는 기본규정을 살펴보자.

기본규정1 온라인에서 판매할 수 없는 상품이 있다. 현행 전자상거래법에 따라 주류, 담배, 의약품, 시력 보정용 안경 및 콘택트렌즈, 마약류, 혈액(증서), 군복과 군용장구, 야생동식물, 음란물, 총포/도검/화약류 등은 네이버 스마트스토어에서 판매를 할 수 없다.

기본규정2 식품, 건강기능식품, 의료기기, 화장품, 전통주는 신고/허가/인증 또는 판매 자격이 있어야 판매가 가능하다. 술은 판매할 수 없으나 전통주는 제외다.

주류제조업면허증을 가진 자로서 관할 세무서장의 승인을 받으면 된다. 할머니가, 엄마가 만든 음식이 아무리 맛있어도 온라인에서 곧바로 판매할 수 없다. 식품제조가공허가를 받아야 한다. 완제품을 유통하는 것과 식품 제조하여 판매하는 것은 준비과정이 다르다.

기본규정3 판매사이트에 따라 별도의 판매 제한 규칙이 있다. 네이버 스마트스토어에서 취급 불가 상품은 다음과 같다. 부동산은 공인중개사만 중개가 가능하다. 콘돔을 포함한 성 관련 용품, 사회 이슈 상품(범죄 우려 상품, 유해성 논란 상품 등), 양도 또는 매매가 불가한 상품권, 홍보용 할인권 등 상품권(철도승차권, 기명항공권, 국제경기 관람 당첨권 및 입장권 등), 사생활 침해 상품(투시안경, 도청기 등), 장물 습득물에 해당하는 상품(분실 휴대폰 등), 해킹 관련 자료 (책, 기타문서, 프로그램 등), 사이버 아이템(게임 아이템, 도토리, 사이버머니 등), 통신, 여행, 숙박, 항공권 관련 상품, 심의를 받지 않은 매체물(음반, 게임, 서적, 영상 등), 장물 습득물에 해당하는 상품(분실 휴대폰 등), 아이튠즈 기프트카드, 구글 기프트카드 등 국내/해외 사이트에서 사용 가능한 선불식 충전용 기프트 카드류이다.

네이버 스마트스토어를 여러 개 만들 수 있을까?

네이버 아이디는 휴대폰으로 인증한다. 동일한 번호로 최대 3개의 아이디(계정)를 만들 수 있다. 단, 네이버 아이디가 여러 개라도 개인 판매회원으로 가입하면 본인 명의의 스마트스토어는 한 개만 개설이 가능하다.

사업자는 조건 충족 시 다른 상품군으로 판매할 스토어를 추가 개설할 수 있다. 기존 스토어와 신규로 2개 개설이 가능하며 최대 3개까지 가능하다. 단, 동일한 상품을 판매하는 스마트스토어 중복으로 개설이 불가하다.

회원 가입 후 6개월 경과하고, 최근 3개월 총 매출 800만 원 이상, 최근 3개월 구매 만족 4.5 이상, 최근 3개월간 이용정지 이력 없을 경우 가능하다.

같은 상품군을 팔기 위해서 또는 스토어 이름 변경을 위해서 새로 개설하려면 판매자에서 탈퇴한 후 재가입을 해야 한다. 기존에 가입한 판매자 정보로 재가입하려면 기존 계정 탈퇴 30일 이내에 다시 가입해야 하며 기존의 스토어 이름과 URL 사용이 불가하기 때문에 탈퇴 여부는 신중하게 생각해야 한다.

상품을 등록하기 전에 준비해야 할 것은 무엇이 있을까? 사업자등록을 반드시 해야 할까? 온라인 창업을 시작하는 사람들은 사업자등록을 하지 않은 경우가 대부분이다. 매출이 크게 발생하지 않으면 문제가 없다. 꾸준한 매출, 지속적인 판매를 하고자 한다면 사업자등록과 통신판매신고가 필요하다. 세금계산서 발행, 광고나 마케팅 진행 시 사업자등록증 요구하는 곳이 많다.

만약 사업자등록을 하지 않으면 불이익이 있을까? 매출이 지속적으로 발생하면 매출 관련 세금 신고 성실도에 따라서 조세에 관한 법률에 위반한 범죄 처벌법이 있다.

개인에서 사업자 회원으로 변경하려면 어떻게 해야 할까? 사업자등록 및 사업자등록증 발급 신청을 한다. 사업자 전환 신청, 구매안정서비스 이용확인증 다운로드하여 통신판매업 신고를 하고 통신판매업신고 등록을 한다.

네이버 스마트스토어 운영 방법

그렇다면 나는 어떻게 스마트스토어를 운영할 것인가? 상품 소싱에 강점 있는 판매자, 상품페이지 제작 또는 마케팅을 잘 하는 판매자 등 판매자는 저마다 능력과 여건이 다르다. 자신이 잘하고 꾸준히 할 수 있는 것을 선택하여 집중하는 것이 좋다. 셀러는 판매를 통한 경험을 축적한다. 사실 판매만큼 좋은 선생님은 없다.

아이템은 위탁, 총판, 제조의 3단계 전략[4]을 쓰는 것을 권한다. 아무리 대박이 날 상품이라도 처음부터 사입을 하지 않는다. 위탁으로 판매를 하면서 판매현황과 시장 흐름을 지켜본 뒤 총판과 제조를 진행한다. 빅파워가 되기 위해서는 먼저 최대한 몸과 마음을 가볍게 해야 한다는 것을 잊지 말자.

판매를 시작하면 소비자에서 판매자로 마인드 바꾸는 것이 먼저다. 내가 원하는 것이 아니라 고객이 원하는 것을 팔아야 하며 고객의 트렌드를 읽고 제품 등록과 아이템 소싱을 통해

4) 김도균(2020). 네이버 쇼핑 스마트스토어로 상위노출하라.

원하는 것이 무엇인지 현장에서 부딪히면서 알아내고 그것을 선택하고 집중한다. 배송, 반품, CS에 신경을 쓴다. 온라인쇼핑은 빠른 배송과 반품처리, 고객 서비스가 사업 성공의 지속성을 보장하는 핵심 요소이다. 물건을 직접 보고 사는 것이 아니라서 상품을 먼저 써 본 사람들의 리뷰에 의존한다. 만약 CS에 대한 불만이나 악플이 많이 달린 상품을 당신이라면 구매하겠는가?

재고, 고정지출, 인력을 컨트롤 한다. 우리는 돈을 벌기 위해 디지털 마케팅을 한다. 셀러들 중에는 물건 판매의 가장 중요한 목적인 「수익성」에 대한 재무적 사고가 부족한 경우 많다. 그래서 스마트스토어 운영 개인 판매자로 시작하는 경우가 많으며 계획성 없이 운영한다. 누구나 쉽게 시작할 수 있지만, 누구나 쉽게 성공할 수 있는 것이 아니라는 것을 명심하자. 처음부터 장기적인 목표와 플랜을 세워야 한다. 고정지출이나 필요경비에 대한 세부적인 계획도 세워야 한다.

직원을 채용한다면 인력의 업무분담과 관리에도 신경을 써야 하며 모든 계획과 활동은 재무적인 사고, 돈을 얼마나 벌 수 있느냐에 기반을 두어야 한다. 스마트스토어를 운영하는 이유는 돈을 벌기 위해서이다. 수익이 남지 않는 판매는 자선사업이다.

네이버 스마트스토어는 판매수수료가 없으며, 결제수수료(네이버페이)가 발생, 네이버 쇼핑 광고수수료 2%가 있다. 실시간 온라인 회원 가입, 상품 등록/ 주문 배송/ 고객관리 등 쉬운 메뉴로 구성이 되어있다. 네이버 서비스를 통해 다양한 마케팅 가능, 애널리틱스 등 네이버 서비스 연동, 실시간 적용되는 스토어 디자인, 네이버 쇼핑으로 상품 연동, 할인쿠폰 발행 등 자체 프로모션을 실시간으로 진행한다.

네이버 플랫폼 서비스를 자세히 알아보자. 네이버페이는 스마트스토어를 위한 최적의 결제시스템이다. 추가 소프트웨어 설치와 회원 가입 과정 없고, 기존의 네이버 아이디로 결제가 가능해서 쉽고 편리하다. 네이버 페이로 결제하면 결제 금액의 1%가 네이버페이 포인트로 적립되며 구매평을 작성하면 일정 금액의 포인트를 지급하고 배송 시작과 도착예정을 알리는 등 다양한 혜택을 제공한다. 그리고 결제수수료가 낮다. 휴대폰 3.85%, 신용카드 3.74%, 실시간 계좌이체 1.65%, 무통장입금 1%로 수수료율은 결제수단별로 다르다.

비즈니스에 도움이 되는 네이버 서비스로 고객과의 실시간 대화를 할 수 있는 네이버 톡톡이 있다. 「톡톡문의」 버튼을 노출하여 고객이 쉽게 문의할 수 있고, 판매자가 실시간으로 고객의 문의에 메시지로 답을 한다. 판매자는 스마트폰에 앱을 설치해 실시간으로 고객의 문의를 확인할 수 있으며 컴퓨터로도 스마트스토어 문의에 응대가 가능하다. 상담한 내역을 데이터로 관리가 가능하며, 톡톡 파트너 센터에서 상담 멤버 관리를 통해 멤버 모두가 실시간으로 응대가 가능하고, 상담 가능 시간부터 부재중 자동 알림 메시지까지 설정할 수 있다.

스마트 스토어를 개설한 직후는 내가 말하지 않는 이상 누구도 나의 스토어를 알기는 어렵다. 스토어 이름으로 검색이 유입되는 경우는 거의 없다. 모델명이나 상품의 기능 설명 등 키워드로 광고를 진행하여 검색결과 페이지 상단에 나의 스토어가 노출이 되고 그 노출 결과를 통해 고객의 유입과 판매가 이루어진다. 이때의 검색 광고비는 클릭수이다.

스마트스토어를 개설하면 고객은 나의 스토어를 모르지만, 검색광고대행사는 어떻게 아는지 나에게 전화를 한다. 대행사는 판매자의 광고비를 활용해 목표에 맞게 광고를 대신 집행해주는 곳으로 광고가 필요한 시기에 광고대행사를 비교해 적합한 곳에 발주하면 된다. 하지만 준비가 덜 된 상태에서 솔깃한 마음에 선불리 광고를 시작하면 비용만 낭비하게 된다.

내가 만약 오프라인 매장을 운영하고 있다면, 스마트 플레이스에 업체 정보를 등록하면 네이버 검색결과 중 지도가 웹사이트 영역에 추가로 노출이 된다. 오프라인 정보에 스마트 스토어 상품정보도 함께 보여 줄 수 있다. 스마트 플레이스 앱을 사용하면 편리하게 정보를 수정할 수 있다.

모두(modoo!)는 브랜딩을 위한 모바일 홈페이지이다. PC보다 모바일을 통한 검색이 점점 늘어나는 추세이다. 모바일에서 가독성이 높게 홈페이지를 최적화하는 것이 트렌드이다. 쉽고 간편하게, 무료로 홈페이지 개설이 가능하다.

애널리틱스, 방문자 데이터 분석도 할 수 있다. 오늘 방문자가 몇 명인가? 어디에서 어떤 키워드를 검색해서 들어왔는가? 방문자 중 재방문자는 몇 명인가? 각 방문자가 어떤 페이지를 많이 봤는가? 몇 페이지를 보았으며 얼마나 오래 머물렀는가? 나를 알고 고객을 알면, 비즈니스를 더 효율적으로 할 수 있다.

개인 쇼핑몰은 네이버 쇼핑에 입점을 신청해서 상품데이터를 연동해 노출한다. 입점비는 무료(2020년 4월 기준)이며, 검색결과 상품이 노출되는데 비용 발생은 없다. 구매자가 상품을 클릭하여 상세페이지로 이동하면 광고비가 발생하며 클릭당 광고비는 판매가를 기준으로 책정한다.

오픈마켓, 소셜커머스, 전문 쇼핑몰은 네이버 쇼핑에 입점 계약을 하고 상품데이터를 연동해 노출한다. 광고비는 입점과

데이터 연동 이후에 매월 지불하며 광고비는 고정비로 500만 원 이상이다. 스마트스토어 회원의 경우 「네이버 쇼핑 연동하기」를 클릭하면 자동으로 입점된다.

상품 등록할 때마다 상품정보가 자동으로 연동되고 네이버 쇼핑 내 노출이 된다. 입점, 연동 설정, 상품 노출까지 비용이 발생하지 않는다. 구매자가 상품을 클릭할 때의 광고비나 고정적으로 지출되는 광고비가 없다.

네이버 쇼핑 검색결과 클릭하여 유입된 고객이 상품을 구매하면 판매된 주문에 한해서 광고 수수료 2%가 발생한다. 네이버 쇼핑에서는 각 사이트에서 등록된 상품정보가 연동되어 노출되고, 별도의 상품 등록이나 상품정보 수정 기능이 없다. 만약 수정하고 싶다면 나의 스마트스토어의 상품정보에서 수정하면 데이터가 연동되어 변경된 정보가 노출된다.

네이버 쇼핑 매칭 형태로는 카테고리 매칭 형태와 가격비교 매칭 형태가 있다. 대다수의 상품은 이미지, 이름, 가격, 쇼핑몰 이름이 각각 표시되는 카테고리 매칭 형태이다. 가격비교 매칭 형태는 동일한 제품을 판매하는 업체 정보를 모아서 노출하는 형태로서 제조사에서 제공한 제품 정보 기준으로 모델명이 있는 가전제품, 명품, 화장품, 브랜드 의류, 공산품(LG냉장고, 샤넬 립스틱, 제주도 생수) 등이다.

디지털 생각+

인간이 만든 로봇은 인격체인가?

인격체로 대우하지 않는다면 만든 의미가 없다고 생각한다. 인간이 아닌 '로봇'이긴 하나 의료서비스를 주는 것은 같다. 실제로 로봇이 아닌 사람이라 해도 인격체로서 존중 및 대우가 늘 이루어지는 것은 아니다.

간호사에게 화를 내는 사람은 많고 간호사를 직업인이자 전문인으로 바라보지 않는 편견도 있다. '로봇이니까 대우하지 않아도 된다. 함부로 해도 된다'라는 생각이 퍼지면 로봇을 '뒤집으려고' 뒤집은 것이 아닌 단지 화풀이용으로 바닥으로 밀어버릴 수 있다. 가지고 오던 알코올 솜과 그 외 도구를 다 엎게 만들어도 어차피 로봇은 감정이 없으니까. 줍는 과정에서 로봇은 울지 않으니까. 그렇지만 그런 상황이 일어난다면. 우당탕 소리가 나서 보니 사람끼리 싸우는 게 아니라 로봇을 발로 차고 있다면. 그것은 재미난 상황이 아니라 그 사람의 폭력성이 나타나는 현장인 것이다. 인간은 강아지 로봇 장례식을 치루기도 했다. 단지 시스템으로 움직인 것뿐이라고 나를 위해 해준 게 아닌 그렇게 설계되었기에 움직인 것이지만. 인간은 그 사실을 점차 잊어버리고 인격체처럼 대우해왔다.

예시 _ 내가 결혼했을 때부터 장만한 가전제품이 오래되어 자주 멈추면 속상하고, 오래된 가전제품을 신제품으로 바꿀 때 감정이 깊은 사람이라면 버리는 것이 아닌 '이별'하는 것처럼 아쉬워하기도 한다. 로봇이니까 아무리 더 전문적이고 도움을 많이 줘도 인격체로 대우하지 않는다는 것은 인간에게 있어서 인간성을 지우는 태도라고 생각한다. 로봇이 발전하고 사람들의 곁에 로봇이 많아질수록 '대우를 안 해도 되지 않나?'라는 생각은 '동물실험을 계속해도 되지 않나?'와 비슷한 욕망으로 느껴진다(대학생 U).

지적 디지털 존재들을 인간과 동등한 인격체로서 대우하는 순간 기업체에선 능력 없고 병약한 인간보다 지적 디지털 존재들을 더욱 가치 있고 소중한 자산으로 생각할 것이다. 지적 디지털 존재들은 인간사회를 이롭게 하기 위해 탄생하였지만, 권리를 부여한 능력 있는 지적 디지털 존재들은 사회에서 인간보다 높은 능력과 가치를 인정받아 인간을 경쟁에서 밀어낼 것이다. 그러면 언젠가는 인간보다 지적 디지털 존재들의 존재가치가 더욱 높아지게 되는데 이것은 인명 경시까지 이어질 수 있다. 심지어 현대사회에서도 지적 능력이 없는 고가치 기계를 구하기 위해 인명이 희생되는 경우가 세계 각국 산업현장과 군대에서 이뤄지고 있는 현실에 디지털 지적 생명체들을 인격체로서 대우해주는 것이 실정과 맞지 않는다고 생각한다

(대학생 T).

로봇 간호사와 로봇 도우미 등 수많은 로봇이 우리 생활에 이로움을 주고 있는 것은 사실이나 이들은 어디까지나 인간이 만든 존재에 불과하다. 또한, 이들은 인간이 설정해놓은 대로만 움직이기 때문에 감정을 가지지 않는다. 로봇과 대화가 가능하다면 이 역시 모두 인간들이 미리 입력해놓은 것이다. 로봇은 인간이 역할을 정해주기 전까지는 아무런 존재도 아니었다. 이러한 로봇을 인격체로 대우한다는 것은 말이 안 된다고 생각한다(대학생 R).

인격체로서의 대우와 존중은 인간의 기본적 마음가짐이라고 생각한다. 감정이 섞여 있는 인격체는 아니지만, 로봇 간호사, 로봇 도우미가 자신에게 도움을 주고 해를 입히지 않는데 굳이 무시하고 밟아야 한다고 생각하지 않는다. 그것은 로봇이 아니라 인간 감정 쓰레기통이라고 표현하는 것이 맞는 것 같다(대학생 G).

먼 미래면 모를까 아직은 디지털적인 존재들을 인격체로서 대우해야 한다고 생각하지 않는다. 우리가 로봇을 인간과 같이 대우한다면, 우리가 로봇들을 이용하여 많은 제조품을 생산하는 행위를 못 하지 않을까? 그것은 인간에게 도움이 되지 않는다. 만약 인간이 로봇들을 인격체로 존재하여야 한다고 생각한다면, 그것들을 위한 법안과 많은 정책이 뒷받침해야 할 것이다. 우리가 지금 해야 할 것은 인간과 동일한 존재로 인정해야 할 것인가에 대해 많은 토론과 토의를 거쳐서 결론을 내는 것밖에 없다는 생각이 든다(대학생 A).

로봇도 결국 누군가의 재산이고 사유물인데 우리나라의 구조상 자본주의 사회라서 남의 비싼 로봇을 함부로 대하거나 하대하거나 그런 일은 없을 것이고, 만약 있다고 해도 지금 사회와 같은 맥락이라고 생각한다. 사람이 사람을 막 대하는 것이 굳이 인격체로 생각을 하지 않아서 그런 행동을 하는 것은 아니라고 생각한다. 그냥 그런 사람이라 결국 로봇에게도 똑같을 것이고 자본주의에서는 어쩔 수 없다고 생각한다. 나는 도우미 로봇이 있다면 예뻐해 줄 것 같다(대학생 C).

chapter **05**

네이버 스마트스토어 마케팅 딥러닝

blog
YouTube

"고객은 똑같은 대우를 원치 않는다.
고객들이 바라는 것은 개별화된 처우다."

돈 페퍼스 & 마사 로저스

네이버 스마트스토어 이름 짓기

스마트스토어 이름은 제조사명이나 브랜드명으로 신중하게 고민하는 것이 좋다. 스마트스토어 URL(Uniform Resource Locator)은 스토어 정보 자원의 종류와 위치가 기록되어 있는 것으로 인터넷 주소이다. 스마트스토어 이름은 사업자등록증에 기재된 것과 달라도 된다. 아이템과 연관성이 있는 이름으로 상호를 한 번 정하면 수정할 수 없었으나 지금은 단 1회 가능하다. 하지만 어느 정도 알려지고 인지도가 생겼을 때는 바꾸지 않는 것이 좋다.

정체성이 있는 이름이 좋다. 가방을 팔던 사람이 구두를 팔 수는 있지만, 어느 날 갑자기 컴퓨터도 팔고, 가구도 판다면 소비자에게 신뢰성이 떨어질 확률이 높다. 좋은 상호는 상품의 이미지가 연상되는 이름, 브랜딩화할 수 있는 이름, 기억하기 쉽고 검색이 잘 되는 것이 좋다.

영어보다는 한글이 좋다. 키워드 검색하는 사람들은 나이키, 아디다스, 샤넬 등 주로 한글로 검색을 한다. SNS 마케팅의 확장성을 고려하여 페이스북, 인스타그램, 블로그 등의 이름과 동일한 것으로 하면 소비자가 기억하기 좋다. 네이버에서 검색했을 때 내 스마트스토어가 나오는 독창성도 고려하자.

5음절(글자 수) 이내, 2개 어절(띄어쓰기 단위)로 한다. 한글과 영어, 영문 대문자와 소문자, 「시민몽키」와 「시민 몽키」는 띄어쓰기로 인해 다른 이름이라는 것을 기억하자.

브랜드의 힘: 재구매 영향

G마켓의 오픈마켓 「시민몽키」에서 가방을 샀다. 소비자들은 G마켓에서 샀다고 생각한다. 「시민몽키」에서 샀다고 생각하지 않는다. 이것은 브랜드 가치가 낮아서 생기는 현상으로 소비자가 「시민몽키」를 찾을 확률은 지극히 낮다. 그래서 재구매율도 낮다.

그리고 이번에는 인터파크에서 구찌 가방을 샀다. 소비자는 인터파크에서 구입을 했다기보다는 구찌 가방을 샀다고 생각을 한다. 오픈마켓으로 브랜드 가치를 높이는 데는 한계가 있다. 향후 독립쇼핑몰을 통해 자신의 플랫폼의 브랜드 가치를 높이는 것을 권한다.

판매자 가입은 네이버 검색창에 「스마트스토어센터」[5]를 검색한다. 개인의 경우, 일반성인의 경우 따로 서류가 필요 없고 휴대폰 본인인증만으로 개설, 등록, 판매가 가능하지만, 만19세 미만의 미성년자의 경우는 법정대리인의 동의서 사본, 법정대리인 증명서(가족관계증명서 등) 사본, 법정대리인의 인감증명서(최근 3개월 이내 발급) 사본이 필요하다.

사업자의 경우 국내 사업자등록증 사본(최근 1년 이내 발급), 대

5) https://sell.smartstore.naver.com

표자 인감증명서(대표자 본인서명사실확인서), 대표자 혹은 사업자 명의 통장(계좌개설확인서, 온라인 통장표지)이 필요하다. 법인사업자의 경우 사업자등록증, 법인 명의 통장 사본, 법인 인감 증명서 사본이 필요하다.

수수료 안내(2022.1.8. 기준)도 자세하게 설명되어 있다. 스토어 개설/ 상품 등록/ 판매수수료는 무료이며, 네이버 쇼핑 매출연동수수료(VAT 포함)는 2%이다. 네이버페이 주문관리 수수료(VAT 포함)는 영세(연 매출 3억 원 이하)는 2.2%, 중소1(연 매출 3~5억 원)은 2.75%, 중소2(연 매출 5~10억 원)는 2.86%, 중소3(연 매출 10~30억 원)은 3.08%, 일반(연 매출 30억 원 이상)은 3.63%이다.

스마트스토어센터 화면의 맨 하단의 오른쪽에 있는 「고객센터」를 클릭하면 「스마트스토어센터 사용자 매뉴얼」을 다운받을 수 있다. 그리고 자주 찾는 도움말 게시판을 읽어보면 스마트스토어를 운영하는데 도움이 많이 된다.

「신고하기」 게시판을 통해서 상품정보와 다른 상품이나 가품, 중복상품 위반, 부적합 판매행위 등 어뷰징이 있는 판매자를 신고할 수 있다. 이것은 나의 부적합 판매행위를 발견하면 누구나 쉽게 신고할 수 있다는 것을 의미한다. 그래서 처음부터 어뷰징을 하지 않는다. 어뷰징은 판매가와 할인가를 비정상적으로 변경함으로써 허위로 구매 또는 리뷰 등을 조작하는 행동이다. 노출 상위에 있다가 누군가가 나의 어뷰징 행위를 발견하고 신고하면 나의 상품은 사라져 버린다.

홈페이지 하단의 고객센터 옆에 「안전거래가이드」가 있다. 이것을 클릭하면 안전거래 정책, 상품등록 정책, 서비스 이용 규칙, 개인정보 보호정책, 안전거래 꿀팁, 취급 불가 상품 등 네이버 운영정책 확인이 가능하다.

「스타트 제로 수수료 프로그램」은 창업 초기 사업자에게 12개월간 결제수수료를 무료 지원하는 것으로 사업 안정화에 도움주는 프로그램이다. 스마트스토어센터 판매자 정보의 판매자 등급에서 확인이 가능하다.

이 프로그램의 신청조건은 국내 사업자로 신청일 기준 일반과세자는 13개월 미만, 간이과세자는 20개월 미만인 판매자(사업자 전환시 개인 판매가 가입일이 가입승인일 기준)이다. 씨앗과 새싹 사업자 판매 등급으로 연 매출 5억 원 이하인 영세, 「중소1」 사업자이다.

이제 본격적으로 다른 사업자의 스마트스토어를 살펴보자. 패션의류, 패션잡화, 화장품/미용 등 관심 분야의 카테고리를 하나 선택하자. 만약 화장품/ 미용을 클릭했다면 스킨케어, 베이스 메이크업, 색조 메이크업, 클렌징, 마스크/팩, 선케어, 향수, 바디케어, 헤어케어, 네일케어, 뷰티소품 등 세부 카테고리가 나타난다.

이제는 쇼핑 BEST에서 상품을 찾아보자. 패션의류, 패션 잡화, 화장품, 가전, 육아 등 오른쪽 상단 카테고리 선택하여 세부적 내용을 확인한다. 가격비교, 네이버페이, 일반상품으로 필터링해서 볼 수도 있다.

네이버 쇼핑을 통한 판매실적과 상품 클릭 수가 반영된 인기상품은 100개 상품이 매일 업데이트 되면서 노출된다. 인기검색어와 인기브랜드의 검색어 설정 기간은 일간과 주간기준으로 나누어지는데 클릭이 발생한 횟수를 순위로 20위까지 노출된다. 인기검색어를 클릭하여 검색결과를 확인해서 고객이 많이 검색하고 클릭하는 키워드를 내 상품정보에 꼭 넣어서 고객유입을 유도한다.

입점몰 대상으로 인기쇼핑몰은 검색어 설정 기간도 일간과 주간 기준으로 나뉜다. 카테고리별 상품의 인기도를 반영한 순위이다. 전체, 소호몰, 네이버페이 가맹점으로 분리하여 확인이 가능하고, 네이버페이를 검색하면 스마트스토어[6]가 많이 포함되어 있다.

스마트스토어에 방문해서 판매 중인 상품의 가격대, 대표 이

6) http://smartstore.naver.com으로 시작하는 네이버페이 가맹점

미지, 경험이 많은 판매자가 고객의 편의를 위해 어떤 장치를 만들어 두었는가? 상품 상세페이지, 상품을 어떻게 설명하는가? 어떤 사진을 보여주는가? 등을 벤치마킹해야 한다.

모바일 베스트 100에서 상품을 찾아보자. 스마트폰에서 네이버 메인 페이지 오른쪽으로 스와이프(swipe)를 한다. 왼쪽 화면으로 이동이 되며 트렌드 페이지로 넘어가고 로그인이 된 상태로 방문하면 잇걸(20대), 우먼(30대), 멘즈(남성)영역으로 나뉘어 나의 연령대와 성별에 따라 각기 다른 맞춤형 페이지가 노출된다.

「BEST탭」은 오늘의 베스트, 카테고리, 쇼핑윈도가 있다. 오늘의 베스트는 별도의 비용이 발생하는 광고가 아니라 네이버 쇼핑에 입점한 상품을 대상으로 노출 기준 로직에 의해 자동으로 랭킹된 목록이다. BEST 페이지를 자주 둘러보는 것이 좋다. 「네이버 메인에 #BEST 추가」를 클릭한다. 상품의 상세페이지는 방문고객이 구매결정을 내리게 하는 1등 공신이다.

상세페이지는 기-승-전-결이 필요하다. 어떤 흐름으로 설명하고 있는가? 고객이 자주 묻는 내용, 오해하기 쉬운 내용, 잦은 반품과 교환이 발생하는 사례 등 다양한 경험을 토대로 상세페이지를 보완한다. 사진은 전체, 클로즈업, 모델 컷, 포장 컷 등 어떤 사진을 몇 장을 사용했는가? 배송 및 교환·반품 정책은 어떠한가? 등 눈으로만 읽지 말고 내용을 꼼꼼하게 기록한다.

상품군에 따라 상세페이지를 달리 구성한다. 제작 상품의 경우는 직접 제작하는 상품이며, 제품의 품질과 가격, 확실한 AS를 어필한다. 설치 상품은 설치 가능 지역, 평균 설치 기간, 설치 비용을 자세히 적는다. 유명 브랜드 상품의 경우는 정품 인증 이미지를 올려 오리지널 상품임을 강조한다. 가품과 다른 점을 비교하여 신뢰도를 형성하는 방식으로 상품을 설명한다.

온라인 브랜드 상품은 인지도가 낮은 경우가 대부분이기 때문에 브랜드명을 노출하는 것 보다 상품의 기능을 강조하는 게 낫다. 기존 고객들의 상품 후기를 보여주며 호감을 높이는데 주력한다.

상품을 등록하기 전에 준비해야 할 것은 우선 검색이 될 상품명을 짓는 것이다. 고객이 상품을 찾기 위해 검색할 만한 단어를 선정하여 벤치마킹을 통해 인기 키워드, 연관 키워드 활용, 정확한 모델명, 용량, 규격 등 정보를 포함하여 선정한다. 예를 들어 원피스를 산다면 어떻게 검색을 할 것인가? 「자체제작 원피스」, 「할인 중인 원피스」보다 「블랙원피스」, 「니트원피스」라고 검색창에 쓸 것이다.

또 다른 예로 「2022년에 새로 수확한 달고 맛 좋은 신종품

배」라고 고객은 검색하지 않는다. 그것보다는 「나주 꿀배 선물용 5kg」가 더 좋은 상품명이다.

네이버 쇼핑=검색=키워드이다. 상품명을 정할 때는 자동 완성어, 연관 검색어, 쇼핑 검색어, 쇼핑 인사이트, 블로그, 카페 검색어를 참고로 추출하는 것이 좋다. 「블루 키워드」는 검색량이 많고, 경쟁상품이 적은 키워드로 형용사 트렌드 키워드이다. 「레드 키워드」는 로얄키워드와 판매량이 많은 키워드로 명사 숙성 키워드이며, 「프리미엄 키워드」는 유명하면서 유일한 키워드로 브랜드 자사 키워드이다.

사진 촬영부터 랭킹로직까지

상품의 사진을 촬영할 때의 대표 이미지는 정사각형으로 1,000×1,000픽셀, 상세페이지는 가로 860픽셀을 권장한다. 너무 작거나 큰, 비율이 맞지 않는 이미지는 네이버 쇼핑 검색에 연동이 되지 않는다. 직접 착용한 모습을 촬영, 자연광이 좋은 실내나 야외에서 자연스럽게 촬영을 하면 소비자가 친근하게 느낀다. 하지만 상품에 따라서는 친근함보다 신뢰감이 중요하기 때문에 완성도 높은 촬영이 요구된다. 계획된 예산과 능력에 따라 촬영을 한다.

스토어 대표 이미지는 프로필 화면과 네이버 쇼핑 검색 시 노출되는 중요한 부분이다. 최소 160×160픽셀, 가로 1,300픽셀 이상, 최대 20MB이다. 신규로 등록한 이미지는 네이버 담당 부서의 검수 과정을 거쳐 적용된다. 대표 이미지에 동영상을 추가하는 것은 필수사항은 아니지만, 사진만으로 상품의 정보를 충분히 전달하기 부족한 경우에는 제품을 착용한 모습을 올려 고객이 제품을 이해하는데 도움을 준다. 예를 들면, '밴딩치마'의 경우 '하늘하늘하다. 비치지 않는다. 펄럭인다. 허리밴딩이 쫀쫀하다' 등의 상세한 제품을 소개하는 동영상으로 고객의 이해를 돕는다.

추가 이미지 중 제일 마지막과 상품 상세페이지의 최상단에 노출하는 것이 좋으며 최대 1분, 1,024MB 이내로 제품을 활용한 팁, 제품 가이드 등 동영상으로 등록한다.

상세페이지 제작에 가장 많은 시간이 걸린다. 사진과 글을 통해 제품을 정확하게 설명하여 고객이 호감을 가지게 되고 구매로까지 이어지게 하는 것이다. 벤치마킹을 통해 기획안을 준비하고 '어떤 정보를 채워 넣을 것인가?'를 고민한다. 배송조건, 배송비 정책, 반품교환 조건, 포장 정보 설명을 위한 포장 상태 사진, 상세페이지마다 보여줄 브랜딩을 위한 타이틀 이미지까지 구체적으로 계획을 세워야 한다.

상품등록의 경우 「상품관리-상품등록 메뉴」에서 이루어진다. 많은 사람이 '카테고리를 여러 개 선택할 수 있는가?'라고 질문을 한다. 상품당 한 카테고리만 선택이 가능하며 동일 상품을 여러 번 등록하면 검색 노출에 불리하게 된다. 중복상품으로 삭제될 수도 있다.

가끔 선택할 카테고리가 없다고 말하는 사람들도 종종 만난다. 판매할 상품에 딱 맞는 카테고리가 없을 수도 있지만, 판매자가 임의로 추가를 하지 못한다. 판매가 불가능한 상품군이 아니라면 가장 적합한 곳을 선택해야 한다.

고객이 검색할 만한 키워드를 조합하여 상품명을 입력 후 상품명 검색품질을 체크한다. 상품명을 검색 최적화 가이드에 잘 맞게 입력했는지 확인하는 작업인데, 이것은 참고만 하는 것이 좋다.

예를 들어 「긴팔원피스/인기원피스/여자원피스/예쁜원피스/레이스원피스/」 이렇게 상품명을 작성하여 검색품질을 체크하면 수정해야 하는 항목이 있다고 나온다. 이것은 「원피스」 키워드가 중복되었고, 「인기」 수식어를 사용할 수 없고, 「특수문자(/)」를 6개 이상 사용하면 안 된다. 이럴 때는 「긴팔 레이스 원피스(화이트)」으로 수정하는 것을 좋다.

지금부터는 상품을 등록할 때의 꿀팁이다.

카테고리 선호도를 살펴보는 것이다. 네이버 쇼핑에서 「감자」를 검색하면 52만여 가지의 감자가 나온다. 모두 먹는 감자는 아니다. 감자 과자, 감자 깎는 칼, 감자가 그려진 티셔츠, 감자 국수 등 다양한 카테고리 상품이 노출된다. 노출 순위를 자세히 살펴보면 상위노출은 「식품>농산물>채소>감자」 이다.

상품을 등록할 때 카테고리 선택이 어렵다고 이야기한다.

비슷한 상품을 먼저 검색해 본 후 상위 노출되는 카테고리를 선택하는 것이 좋다. 고양이 백팩을 검색해 보자. 첫 번째 페이지에 노출된 상품은 「생활 / 건강>반려동물>외출용품>이동가방」이다. 선호도가 높은 카테고리를 선택하는 것이 상위노출에 유리하다. 잘못 입력한 상품명은 어뷰징으로 인식하여 검색에서 불이익을 받을 수도 있다. Abusing(어뷰징)은 의도적으로 클릭 수를 늘리기 위한 조작 행위로 상품과 상관없는 키워드, 베낀 상품명, 낚시성 키워드 등 클릭을 노린 의도적인 행동이다.

할인을 정할 때는 판매가에서 일정 비율(%)로 할 수도 있고, 정해진 금액으로도 할인이 가능하다. 필수 항목은 아니며 특정기간 할인일 경우는 시작과 종료를 설정한다.

판매가 입력의 경우는 고객이 결제할 소비자 가격을 숫자로 기재한다. 판매자는 고객이 결제한 금액에서 네이버페이 수수료와 네이버 쇼핑 연동수수료 2%를 제외하고 정산을 받는다. 판매기간, 부가세도 필수 기재 항목은 아니다. 기간을 정해두고 판매하지 않을 것이라면 판매기간 항목은 설정을 하지 않는 것이 좋다. 부가세 항목은 대부분 과세상품을 선택하며 면세상품 또는 영세상품 사업자라면 해당 옵션을 선택하다.

재고수량은 현재 판매가 가능한 수량을 의미하며, '0'이 되면 품절이다. 소량을 입력하면 조금만 판매되어도 품절로 전환되는 등 노출에 불리하고, 대량을 입력하면 주문이 폭주할 경우 배송처리에 문제가 발생한다. 배송 가능한 수량과 확보 가능한 수량을 잘 판단해서 입력한다.

옵션 추가 시 유의사항은 네이버 스마트스토어는 상품 옵션이 많이 설정하는 것을 지양한다. 옵션명은 3개까지 가능하며 하나의 상품에 대량의 옵션을 등록하는 것보다 종류별로 나누어 각각의 상품으로 등록하는 것이 판매와 관리에 수월하다. 특정 옵션은 판매 가격보다 높은 금액으로 판매되기도 한다. 이때 옵션가 추가 금액 입력은 옵션가 판매가 기본으로 정해진 범위 내에서 설정한다.

다양한 옵션을 쉽고 빠르게 입력이 가능한데 이것은 모든 상품에 적용할 수 있는 것이 아니라 특히 색상과 사이즈의 간편입력은 의류, 잡화 등 특정 카테고리에서만 가능하다. 입력한 정보는 네이버 쇼핑에도 노출되며 옵션가 추가가 안 되며 추가해야 하는 상품의 경우는 옵션입력 방식에서 직접 입력하기로 선택해야 한다. 배송의 경우「무료 / 유료 / 조건부 무료」상품별 배송비 조건을 기재한다. 만약 반품 및 교환을 할 경우 반품 배송비(편도)는 기본배송비이며, 교환 배송비(왕복)가 2배라면 미리 공지한다.

네이버쇼핑 검색의 랭킹 로직은 적합도와 인기도와 신뢰도를 살핀다.[7] 적합도는「상품명, 카테고리/제조사, 브랜드/속성, 태그」등 '사용자의 검색 의도에 적절한 상품인가?'를 보며 블라우스의 경우「패션의류＞여성의류＞블라우스」카테고리의 선호도가 가장 높다.「패션의류＞여성의류＞원피스」,「패션

7) 김도균(2020). 네이버쇼핑 스마트스토어로 상위노출하라

의류>여성의류>티셔츠」 등 다른 카테고리로 등록을 하게 되면 선호도 순위에서 밀리기 때문에 상품을 등록할 때 카테고리 선택을 잘해야 한다.

「강아지캐리어」의 경우 「생활/건강>반려동물>캐리어/유모차」,「생활/건강>반려동물>기타반려동물용품」,「출산/육아>유아동잡화>가방>캐리어백」 등의 카테고리 등록이 가능하다. 키워드는 때에 따라 선호 카테고리가 변경되기도 하기 때문에 네이버 쇼핑에서 해당 키워드를 검색해 보고 상위업체의 카테코리를 확인 후 결정하는 것이 좋다.

카테고리 매칭은「대 카테고리」를 벗어나면 안 된다. 되도록 소 카테고리, 세부 카테고리까지 일치시켜줘야 순위가 올라간다. 이것이 카테고리 선택의 키포인트이다.

인기도는 많이 찾고 많이 판매되는 것으로 클릭수와 찜수·판매실적·리뷰수·최신성으로 판단한다. 최근 7일 동안 쇼핑 검색에서 발생한 상품 클릭수로 링크보다는 검색을 통해서 들어와야 클릭수 점수가 올라간다.

검색결과 페이지나 상품 상세페이지에서 찜을 할 수 있는데 고객이 누른 찜수는 노출순위에 영향을 미치는 요소이다.

판매실적은 최근 2일·7일·30일 동안 쇼핑검색에서 발생한 판매수량과 판매금액을 지수화한 데이터로서 스마트스토어의 판매실적과 리뷰수는 네이버페이를 통해 자동으로 연동된다. 부정거래가 있을 시 패널티를 부여한다. '매출이 깡패'라는 말이 있다. 잘 팔리는 상품을 밀어준다는 의미인데 판매자의 수수료가 곧 스마트스토어의 이익이기 때문에 많이 판매되는 상품을 상위노출 시켜줘 더 잘 팔리게 하는 것이다.

개별 상품의 리뷰수(구매평 수)를 카테고리별 상대적으로 환산하여 지수화하여 리뷰 작성 시에는 상품 후기와 평점 정보를 입력한다. 좋은 리뷰가 많이 달린 상품은 타 상품에 비해 가격이 조금 비싸더라도 구매하는 경향이 있듯이 리뷰는 고객이 상품 구매를 최종적으로 판단하는데 영향을 준다.

신상품일수록 일시적으로 랭킹 상승을 유도해 준다.

신뢰도는 상품정보가 신뢰할 수 있는 상품임을 알려주며 상품명SEO·네이버 쇼핑 패널티를 참고한다. 상품명SEO(Search Engine Optimization)는 상품명 작성 가이드 라인을 벗어난 상품에 대해서는 패널티를 부여하고 상품 등록시 상품명, 카테고리, 제조사, 브랜드, 속성 등 정확한 상품정보를 제공했는가? 상품명을 작성할 때 특수문자 등 금지하는 단어를 사용하지 않았는가? 상품과 관련이 없는 카테고리에 등록을 하지 않았는가? 어뷰징 행위로 했을 때는 검색결과가 하위로 밀린다.

스마트스토어 SEO의 핵심요소는 검색엔진 최적화로서 이미지SEO는 이미지 작성 가이드라인을 벗어난 상품에 대해서는 패널티를 부여하며 특히 대표 이미지는 네이버에서 요구하는 조건과 권장 사이즈에 맞게 작성해야 한다.

고객에게 주는 혜택으로는 쿠폰, 추가할인, 카드 할인, 무료 배송, 카드 무이자, 포인트 적립 등 고객 혜택 정보가 있을 경우 부가적인 점수를 부여한다. 배송 만족도, 상품 만족도, 구매평과 판매실적 어뷰징, 상품정보 어뷰징 등에 대해서 상품과 스마트스토어에 패널티를 준다.

「쇼핑 Live」는 네이버 쇼핑 라이브 앱에서 라이브 방송을 준비하며 라이브를 진행할 스토어를 선택한다. 최대 20개까지 상품을 노출할 수 있다. 단, 쇼핑 라이브는 판매자 파워등급 이상만 진행할 수 있다. 리허설 기능으로 라이브를 연습할 수 있으며 스마트스토어 소식 받기 설정한 고객에게 방송 알림을 발송한다.

“고객과 만나는 15초 동안에 기업의 운명이 결정된다(안 킬슨)”라고 하였다. 나의 스토어를 통해 나를 보여줌으로써 고객에게 친근감을 주며 고객이 무엇을 원하는지 파악한다. 소통이 답이다. 방문고객을 구매고객으로 만드는 것은 「해보는 수밖에 길이 없다.」[8)]

8) 독일 시인 에리히 케스트너 <틀림없는 교훈> 시

디지털 생각+ 불법복제 등 디지털 관련 사회이슈에 대한 의견

한국에서 만든 넷플릭스 드라마 '오징어 게임'이 전 세계적인 인기를 누리자 중국 누리꾼들 사이에 불법 다운로드가 성행하고 있다. 쇼핑 앱에선 드라마 속 초록색 체육복에 '중국'이란 한 자까지 적어 넣어 판매하는 일까지 벌어지고 있다. 불법복제는 누군가의 노력과 존중이 무시되는 심각한 문제이다.

사회이슈에 대한 의견은 서울 마포구 한 오피스텔에서 여자 친구를 폭행해 숨지게 한 혐의를 받는 30대 남성을 엄벌해달라는 청와대 국민청원에 대한 답변이 나왔다.

이 사례로 인해 요즘 더 주목하게 되었다. 지푸라기라도 잡는 심정으로 피해자들은 국민청원에 도움을 청한다. 그 누구의 청원도 가볍게 여겨져서는 안 되고 국민의 소리에 귀 기울여 마땅하고 엄중한 처벌로 인하여 피해자의 고통을 공유 해야 한다고 생각한다.

옛날에는 뉴스만 나오면 다 진실인 줄 알았다. 하지만 가짜 뉴스로 인하여 극단적인 선택을 하는 등 피해자들을 낭떠러지로 밀어내고 있다. 더 이상 똑같은 피해자가 나와서는 안 되지만 사람들은 흥미롭고 자극적인 기사 내용을 원한다. 이로 인해 뉴스가 사실만은 아니라는 것을 인지하고 정확한 사실에 대하여 따라가는 사회가 되어야 한다고 생각한다. 누구에게는 즐겁지만, 가짜 속에서 살고 있는 피해자들은 지옥에서 살고 있을 것이다(대학생 Y).

국민청원은 초기에 국민과 소통하겠다는 정말 좋은 취지로 만들어졌다. 다들 처음 국민청원이 생겼을 때는 주춤거리는 모습도 보이고 '정말 써도 괜찮을까?'라는 모습도 많이 보였다. 하지만 오늘날의 국민청원은 민주주의의 소통의 본보기가 되었고 다들 거리낌 없이 청원을 올린다. 그리고 묻힐 수 있었던 문제도 국민청원에 청원함으로써 모든 국민이 알게 되고 사회적 이슈, 국제적 이슈가 되기도 한다.

하지만 소수의 사람은 말도 안 되는 청원을 올리거나 흔히 말하는 어그로를 끄려고 이상한 얘기를 써서 혼돈을 주기도 한다. 그리고 지속해서 해결이 안 돼 계속 중복청원이 올라가거나 타인의 눈을 찌푸리는 보기 싫은 글들도 스스럼없이 올라간다. 그래서 SNS상에서는 국민청원이 없어져야 한다고 하고, 한동안은 굉장히 구설수가 많았고 오히려 문제를 일으킨다는 얘기도 많았다. 국민청원에 대한 취지를 다시 잘 생각해봐야 한다. 청원한다고 램프의 요정 지니가 소원을 들어주듯 다 들어주는 것은 아니기 때문이다.

하지만 사회 지속적인 문제 해결을 권할 수는 있다. 특히 요즘 자주 얘기 나오는 음주운전, 코로나 사회적 거리 두기 단계 등등 국가는 국민이 관심을 가짐으로써 비로소 제대로 된 민주주의 정치가 이뤄지기 때문에 국민청원은 조금 더 올바른 시민의식을 갖고 청원에 참여한다면 더 깨끗하고 아름다운 대한민국이 될 수 있고 국민청원의 취지가 제대로 이루어지리라 생각한다(대학생 T).

예전부터 유튜브, 페이스북 등 여러 커뮤니티 사이트에서 계속 불법복제 작품들이 나왔었고 이것은 시간이 지남에 따라 사람들이 안 좋은 행동임을 알게 되었지만, 무료로 영화를 본다든지, 게임 불법 다운로드 등등 해결되지 않고 있다. 이에 대한 법률 강화와 여러 조치가 필요하다고 생각한다. 가짜뉴스는 수많은 국민이 예전부터 봐왔고 그렇기에 더욱 정확한 정보를 전달해야 하나 일부 여론조작, 잘못된 정보 등으로 많은 사람을 속이는 행위로 인해 기존 뉴스들 역시 피해를 봤다고 생각한다. 이는 사람들이 정확한 정보를 전달하여도 의심을 하게 만들었고 아직도 계속되고 있다고 본다(대학생 S).

디지털 관련 사회 이슈는 우리가 핸드폰을 많은 시간 사용을 하기 때문에 유튜브를 트는 순간 상단에 있어서 자동적으로 찾아보게 된다. 안 보려고 해도 상단에 존재하기 때문에 우리는 들어가서 보게 된다. 우리가 쉽게 접하는 유튜버들이나 스트리머들이 무엇을 했니, 이혼소송 중이니 등과 같은 우리가 쉽게 접할 수 있는 내용이 유튜브상이나 디지털상에서 떠돌아다니기 때문에 접근과 검색 등이 쉽다. 접근이 쉽다는 장점이 있는 반면, 접근이 쉬우면, ○○유튜브에 대한 신상이나 저작권 침해 등과 같은 사항이 남발하여, ○○유튜브에 대한 인식이 저해할 수 있는 악한 상황으로 변질될 수 있다는 단점이 떠오를 수 있다.

한가지 예를 들자면, 유튜버 00이 사용하는 리액션이 나쁘다고 00 교수가 논문에 기재하였다. 이것을 통해 유튜버는 소송까지 진행 중이며, 국민청원에까지 올라간 상황으로 번지고 있다. 이 사건을 디지털 속에서 사용한 한 단어나 문장이 소송이나 국민청원으로 번지게 되어 큰 사회적 이슈가 된 사건으로 압축을 할 수 있다(대학생 P).

내가 하려고 하는 창업이 패션업종이다. 그래서 이것에 비교하여 생각을 해보았는데 불법복제 이것은 정말 있어서는 안 되는 것이다. 얼마 전 한 유튜버가 개인 온라인 패션몰을 운영하는데 디즈니 캐릭터와 명품 브랜드의 로고, 디자인을 아주 살짝 바꾸어서 사용을 하다가 논란이 되었다. 자신은 이것이 정품으로 인증받고 판매한다고 해명을 하였으나 나중에는 베껴

온 것으로 확인이 되어 방송을 하지 않는 것으로 알고 있다. 빠른 정보화 때문에 이렇게 된 것으로 생각한다.

우리의 인터넷 서칭에서 얻는 정보가 주는 유용함도 많지만 이처럼 쓸데없는 것까지 흘러나와 인터넷으로 여러 사람의 눈과 귀에 들어가는 것이 굉장히 빨라 걷잡을 수 없는 것 같다. 얼마 전 TV 프로그램에서 누가 따돌림을 당하고 있다는 말 한마디에 모두가 그렇다고 하고 걷잡을 수 없이 바로 기사가 터지는 것들을 보면 알 수 있다(대학생 U).

정보화 시대인만큼 수많은 정보가 돌아다니기 때문에 사람들이 어떠한 정보에 대해 저작권을 생각하기보단 내가 이용해야 할 어떠한 대상으로 생각하기 때문에 저작권 침해를 쉽게 저지르는 것 같다. 저작권을 가지고 있는 사람들은 그 사람의 노력으로 달성한 일을 눈앞에서 뺏기는 느낌이 들어 박탈감을 줄 수 있다. 따라서 저작권에 대해서 교육뿐만 아니라 필수적으로 사이트에 배너들을 추가해서 저작권을 어떻게 지킬 수 있는지 알려주고 명시하는 것이 좋을 것 같다. 각각의 경우마다 비판적으로 보며 감정적인 결정보다 이성적으로 옳은 것인가를 판단 해야 한다. 그래야만 이후에 탈이 없고, 후회가 없을 것이다(대학생 R).

불법복제(저작권 침해)의 경우 당장 페이스북이나 구글링만으로도 쉽게 접할 수 있다. 디지털 외에도 학원이나 학교에서 책이나 문제집을 복사하여 사용하는 것도 저작권 침해에 해당한다. 노력과 공을 들인 저작물이 불법복제로 어디에서나 접할 수 있다면 수익을 내지 못할 것이고, 수익을 내지 못한다면 누구도 그러한 저작물을 만들지 않을 것이다. 본인의 생각은 강력한 법적제제로 더 이상의 불법복제와 저작권 침해가 이뤄지면 안 된다고 생각한다.

국민청원의 경우 국민이 높은 교육수준과 올바른 객관적인 판단이 앞선다는 조건에서 그 힘을 발휘한다고 생각하는데 그렇지 못할 경우 선동당한 군중에 의해 자신의 이득을 앞세운 누군가에 의해 더렵혀져 공신력을 잃을 수 있기 때문이다. 현재의 국민청원 제도는 제 역할을 다하고 있고 매우 적절하게 도입되었다고 생각한다.

가짜뉴스의 경우 요즘 사회에서 가장 큰 문제이자 이슈이다. 누구나 쉽게 정보를 인터넷에 공유하는 현대사회의 경우 자신의 이득 또는 이념을 위해 가짜정보를 퍼뜨리기 쉬운데 연예인들의 찌라시를 기정사실로 하여 올린다든가, 한 계층에게 유리하도록 편향된 뉴스를 만들고 결속력을 강화하기 위한 수

단으로 이용하기도 한다. 심지어 국가 차원에서도 가짜뉴스를 보도하는 경우가 많았는데 60년대부터 국방 관련 보도에서 현실을 숨기기 위해서 조작된 뉴스를 만들기도 하며 군사정권의 경우 정보차단의 역할이 되기도 하였다. 외국 언론사이트에 들어가면 같은 사건에 국가별로 다른 반응을 보이며 정보전달이 다른 경우도 볼 수 있다(대학생 Q).

불법복제의 문제는 아직도 심각하다. 국내 안에서만 일어나는 것이 아니라 국내와 해외 사이에서도 많이 일어나고 있다. 저작권 의식이 높아져야 문화가 더 다양하고 발전하게 될 것 같다. 청와대 청원은 사건을 해결하기보다는 이슈화시키는 게 더 크다고 생각한다. 하지만 사건에 대해서 이슈가 클수록 사건 해결을 보다 잘 하게 되는 것 같다. 실제로 해결된 청원도 있으며 이슈가 되어 수사를 더 진행하는 경우도 보았기 때문에 국민청원 게시판을 좋은 시선으로 바라보고 있다(대학생 E).

chapter **06**

SNS 커뮤니티연계형 마케팅

blog
YouTube

"이익을 얻으면 그 이익은 누군가의
은혜에 의한 것이니 나 또한 은혜를 베풀어야 한다.
목표를 이룬 사람들은 나눠야 넘치고 행복해진다."

주역

카카오톡, 라인은 메신저형 마케터 SNS이며, 페이스북, 카카오스토리는 커뮤니케이터 SNS이다. 트위터, 인스타그램은 퍼블리셔 SNS이고, 밴드와 비트윈은 폐쇄형 SNS다.

SNS는 공통의 주제에 관심이 있는 사람들이 모여서 관계 형성이 익숙한 일상 공유 틀이다. 사람과 사람의 관계는 하루 이틀 사진을 올리고 「좋아요」 몇 번 남긴다고 형성되는 것이 아니다. 꾸준히 관심을 보이고 상호작용을 해야 친구들이 고객으로 바뀌게 된다. 지속적으로 계정을 관리하고 친구와 관계를 쌓아 나가야 성공할 수 있다.

카카오스토리,
카카오톡 플러스친구[9)]

2018년 11월, 와이즈앱 통계 결과, 일반전화의 사용 비중보다 카카오톡 사용 비중이 7배 이상 높게 나왔으며 유튜브를 제외하면 가장 많은 시간 동안 사용하는 앱[10)]이 카카오톡이었다. 카카오스토리는 성장하고 있는 매체이기보다는 포화된 매체이다. 사용자가 많다는 것은 나의 콘텐츠를 보고 반응해 줄 고객이 많다는 의미이기도 하다.

카카오 비즈니스 서비스를 알아보자.

개인용은 카카오톡, 카카오스토리가 있으며, 비즈니스용으로는 카카오톡 옐로아이디, 카카오 스토리 채널이 있다. 카카오톡은 5,000명으로, 카카오스토리는 1,000명으로 인원수를 제한하고 전화번호 아이디 등을 공유해야 하지만 카카오톡 옐로아이디, 카카오 스토리 채널은 인원수 제한이 없고, 공유정보가 없어도 되며, 카카오 옐로아이디(yellowid.kakao.com), 카카오스토리(story.kakao.com), 카카오스토리 채널(ch.kakao.com) 등 플랫폼 유입 링크도 있으며, 카카오 모바일 광고나 친구추천

9) 오종현(2016). 카카오 마케팅 컨설팅북
10) 김영갑, 강상현(2019). 온라인 마케팅 실무

광고가 있다.

카카오 비즈니스 서비스는 하나의 카카오 계정으로 개인 계정과 비즈니스 계정을 함께 사용 가능하며 동일 아이디로 각각의 서비스를 운영할 수 있다. 옐로아이디와 스토리 채널은 관리자 4명까지 가능하다.

카카오톡 옐로아이디 홈페이지에서 가입을 한다. 옐로아이디의 「프로필 이름」은 카카오톡 친구 리스트, 일대일 대화에서 보이는 이름으로 20자 내외로 한다.

「옐로아이디」는 고객이 검색할 때 사용하는 것으로 16자 이내 한글과 영문 모두 사용 가능하다. 꼭 @를 붙여 입력한다. 예를 들어 「시민몽키」를 카카오톡 옐로아이디로 하고 싶다면 「@시민몽키」라고 입력한다.

「상태 메시지」에는 간단하게 소개 메시지를 쓴다. 「주소」는 오프라인 매장이 있거나, 고객에게 주소를 알려줘야 할 경우 입력한다. 주소는 공개하지 않아도 된다. 「친구들에게 알리고 싶은 오프라인 매장, 회사의 위치 정보가 없습니다」를 체크하면 된다. 「친구추가 감사 메시지」는 자동으로 발송되는 안내 메시지로 텍스트 200자 이내로 작성한다. 1대1 고객상담은 무료이고, 단체 메시지는 유료이다.

기본형은 텍스트 400자와 링크 포함해서 건당 11원이며 섬네일 이미지 삽입 시 추가금액은 11원이다.

「홈페이지 주소」는 카카오톡 옐로아이디 홈에 노출되며, 「전화번호」는 필수사항은 아니다. 「알림을 받을 전화번호」 여기에 입력하는 전화번호는 고객에게 노출되지 않고, 공지, 기능 업데이트, 점검, 정산관리 등 옐로아이디의 중요한 알림을 받는 기능으로만 사용한다. 「심사요청」을 클릭하면 가입절차가 끝난다.

광고성 내용이 포함되었을 경우, 전체 메시지를 작성할 때 지켜야 할 것은 메시지 가장 앞에 「광고」를 표기해야 한다. 본문 앞에 연락처(주소, 전화번호 또는 이메일) 기재하고, 메시지 하단에 수신거부 방법을 기재해야 한다.

광고 디지털 마케팅 강의 오픈

일　　시 : 2021년 10월 25일 10시(2시간)

장　　소 : 시민의 꿈 평생교육

고객센터 : 02-123-4567

수신거부 : 하단 홈> 친구차단

고객이 나의 카카오톡 옐로아이디를 친구 추가하는 방법에는 「친구추가 링크, QR코드, 카카오톡 앱에서 아이디 검색」, 이렇게 3가지가 있다.

카카오톡 플러스친구[11]는 커뮤니케이션 수단으로서 카카오톡이 높은 점유율을 기록하고 있으며 마케팅 채널로 등장하였다. 경영자가 고객과 카카오톡 플러스친구를 맺고 홍보 메시지를 보낼 수 있는 서비스이다. 기존 옐로아이디가 상담과 할인, 이벤트 소식을 보낼 수 있는 수단이었다면 새로운 카카오톡 플러스친구는 콘텐츠 발행과 메시지 발송, 그리고 주문 및 구매, 예약 비즈니스 연동까지 가능하게 되었다.

2019년 1월까지 매월 1,000건씩 무료 메시지 발송이 가능하였으나 2019년 2월부터 유료 서비스로 전환되었다. 유료로 전환 되었지만, 메시지 건당 15원으로 낮은 광고비용, 높은 도달률(100%), 높은 반응률(13~15%)을 보이고 있다.

네이버 검색창에「카카오톡 플러스친구」를 쓰고 홈페이지에서 가입하면 된다. 카카오톡 플러스친구「관리자」는 최대 50명까지 등록할 수 있다. 관리자가 여러 명일 경우에 실명으로 입력하는 것이 좋다. 이름은 관리자들에게만 보이고 서비스상에는 공개되지 않는다.「등록된 전화번호」는 카카오톡 플러스친구의 메시지 알림이나 중요공지를 받기 위한 용도로만 쓰인다.

카카오톡 플러스친구 이름은 카카오톡 플러스친구「홈, 채팅탭, 대화창」에 메인으로 노출되는 것으로 이름수정은 카카오톡 플러스 친구 100명 되기 전에 한 번만 가능하기 때문에 신중하게 결정하고 다른 경쟁사와 중복이 되지 않도록, 고객이 카카오 검색창에서 쉽게 찾을 수 있도록 한글로 하는 것이 좋다. 오타로 인한 실수나 사업자 이름이 변경되었을 때는 고객센터로 문의하여 수정한다.

고객이 플러스친구로 문의한다든지 플러스친구에 친구추가를 해주면 감사의 메시지를 보내 나의 매장을 알리는 것이 좋다. 언제 나를 친구로 추가할지 모르기 때문에 미리 웰컴(환영) 메시지를 준비해 두고 친구추가 시 자동으로 메시지를 보낸다.

웰컴 메시지는 고객과 처음 대면하는 메시지이므로 매장이나 회사를 알릴 수 있는 이미지(720×630px)를 넣어 사용하면 시각적으로 좋다. 복잡하지 않고 간략하며 한 눈에 알아볼 수 있는 메시지가 좋다.

인스타그램

요즘 쇼핑에 관심이 많은 20~30대 여성들이 가장 많이 모이는 SNS 플랫폼이 인스타그램이다. 인스타그램 마케팅[12)]을 왜 해야 하는가? 왜 사람들이 인스타그램을 사용하는가? 잠재고객들이 인스타그램을 통해서 얻기를 원하는 것은 무엇인가? 마케팅의 효과를 최대치로 하기 위해서 고객의 관점에서 생각해야 한다. 제품을 홍보할 때는 최대한 다양한 곳에 노출시켜서 타깃 고객이 나의 상품을 보게 하는 것이 중요하다.

간편하게 사진 한 장으로 자신의 일상을 공유할 수 있는 인스타그램은 2012년 페이스북이 10~11억 달러에 인수한 SNS 플랫폼이다. 그렇다면 페이스북은 왜 인스타그램을 인수했는가? 인수한 이유는 보정 앱 때문이다. 페이스북 개발진이 만들면 되지 왜 큰돈을 들여 인수했을까? 페이스북의 입장은 빠른 시간 내에 이미지 위주의 SNS가 주목받을 것이기 때문에 "시간을 구매하였다"라고 한다.

인스타그램에 계정을 만들 때는 플레이스토어 또는 앱스토어에서 앱 다운을 받아서 이메일이나 전화번호로 가입이 가능

12) 김서현. 생초보, 인스타그램 하루만에 끝장내기
정진수. 인스타그램으로 SNS마케팅을 선점하라

하다. 이메일로 가입하는 것을 권한다. 비밀번호를 잊어버렸을 때 찾기가 쉬우며 각종 인증 요청 절차도 더 간편하다. 만약 페이스북 계정이 있다면 따로 가입할 필요 없이 페이스북 아이디로 로그인이 가능하다.

계정 운영 시 연령, 성별, 지역, 계층을 대상으로 홍보할 타깃을 미리 정하는 것이 고객관리에 유용하다. 프로필은 나의 브랜드를 짧고 간단하게 정리하여 소개한다. 프로필 사진은 간판이라고 생각하자. 회사로고, 매장 전면 사진, 가게를 대표하는 메뉴, 매장에서 작업을 하기 위해 앞치마를 입고 요리하는 모습 등 어떤 인스타그램인지 한눈에 알 수 있는 사진을 넣는 것이 좋다.

「인스타그램 이름」은 한글이나 영어 모두 사용 가능하다. 「사용자 이름」은 내 인스타그램 아이디로 사용한다. 한글은 사용 불가하다. 둘 다 변경이 가능하기 때문에 나중에 바꾸어도 된다. 인스타그램은 PC에서도 가능하다. 인스타그램은 원래 모바일 기반 SNS여서 예전에는 PC에서는 내용만 확인 가능했는데 이제 시스템이 바뀌어서 사진 한 장은 게시가 가능하다. 「좋아요」 누르거나 댓글도 달 수 있고, 친구들 소식도 볼 수 있다. 인스타그램은 사진과 해시태그 중요하다. 운영 초기에는 몽#, #태그야놀자 등 해시태그를 만들어 주는 앱을 활용하면 효율적이다. 매장이나 개인을 대표할 수 있는 브랜드 단어를 통해 고객에게 각인할 수 있는 자신만의 홍보 해시태그를 만든다.

인스타그램 운영할 때 도움이 되는 앱을 더 자세히 살펴보자. 「인스타그리드」는 돋보이게 하고 싶은 사진을 몇 배로 확대해서 보여주는 앱이며, 「포토 에디터」는 고객의 눈에 띄게 사진을 편집해 준다. 「리그램」은 고객이 나의 사진을 퍼갈 수 있게 만들어 내 사진을 고객의 친구의 친구까지 볼 수 있게 홍보할 수 있게 한다. 리그램은 플레이스토어에서 무료로 다운 받을 수 있다. 팔로워의 팔로워에게까지 순식간에 소문이 나서 파급효과가 크며 사진이나 동영상 모두 리그램이 가능하고 여러 포스팅 된 사진도 모두 포스팅 가능하고, 글이나 해시태그 내용까지 그대로 붙여넣을 수 있어서 편리하다.

「팔로워 인사이트」는 나와 맞팔이 된 친구, 맞팔하지 않은 친구 리스트를 볼 수 있어 친구 관리에 편하고, 내 계정에서 반응이 좋았던 사진도 알 수 있어 사진 관리에도 좋다. 「해시태그 만드는 앱」은 처음 인스타그램을 시작해 해시태그를 만들기 어려울 때 주제별 해시태그를 권장해 준다.

팔로워(follower)는 「나를 친구로 추가한 사람들」이라는 의미이며, 팔로잉(following)은 「내가 친구로 추가한 사람들」을 뜻한다. 현재 팔로잉 숫자를 7,500명으로 제한하고 있다. 팔로우 관계는 선팔(먼저 先+팔로우)과 서로 팔로우하는 관계인 맞팔이 있다. 선팔하면서 「팔로우를 요청합니다」라는 댓글을 남기기도 한다. 영어 접두사 un과 팔로우의 합성어인 언팔은 팔로우 관계를 해지하는 것으로, 선팔했지만 맞팔을 받아주지 않는 사람들을 정리하는 행위이기도 하다.

TV 광고가 효과가 큰 이유는 널리 방송이 되어 많은 사람이 보기 때문이다. 요즘 핫한 SNS인 인스타그램, 「핫하다」는 의미는 이용자가 많아지고 있다는 의미로서 입소문이 쉽게 난다.

사람들이 활발하게 활동하고 있는 인스타그램에 제품을 홍보하면 많은 사람이 볼 수 있어 구매로 이어질 확률이 높다. 그래서 오프라인 매장을 운영하는 사람들도 인스타그램 마케팅을 하는 이유이기도 하다.

그렇다면 인스타그램 이벤트는 어떻게 할까? 팔로워 이벤트, 리그램 이벤트, 해시태그 이벤트, 오프라인 매장과 연계한 이벤트가 있다. 「리그램 이벤트」가 파급효과가 가장 큰 이벤트로서 팔로워의 팔로워에게까지 글을 전달할 수 있다. 인스타그램은 다른 사람이 올린 사진을 그대로 나의 인스타그램에 올리는 기능이 없기 때문에 고객이 바로 내 이벤트 사진을 공유하여 올려 줄 수 없다. 리그램 이벤트를 할 때는 고객이 리그램 앱을 내려받은 후, 리그램을 해야 하는 번거로움이 있다. 우리가 가게에 줄을 서서 먹는 이유는 무엇일까? 기다림을 감수하고도 가게를 이용할 가치를 느끼기 때문이다. TV에서 연예인이 소개한 집이라든가, SNS 평이 좋은 곳에 기대를 가지고 찾아가 줄을 선다. 맛이 없는데도 억지로 꾸며서 포장해서 맛있는 것처럼 보이게 하면 고객이 한 번은 찾아오게 할 수 있지만 단골고객으로 만들 수는 없다. 진실하게 꾸준히 가게나 제품을 알려야 한다.

세상에 하나뿐인 제품은 고객이 몰라서 못 산다. 인기가 많은 제품은 판매하는 사람이 너무 많다. 요즘 고객은 사고 싶은 제품이 없다고 할 만큼 부족함이 없다. 홍보를 할 때 제품만 나열하는 것이 아니라 고객은 합리적인 소비를 원하므로 가치 있는 곳이라는 생각을 가지게 다양한 볼거리와 정보제공, 공감을 전한다.

인스타그램 프로필에 웹사이트 링크를 작성한다. 사진 한 장 한 장 링크를 걸 수 없기 때문에 프로필에 하나의 웹사이트만 링크해서 고객을 유입시켜야 한다. 고객은 판매제품이 있는 인스타그램을 보고, 더 알아보고 싶다면 웹사이트 링크로 이동해 구매한다. 인스타그램은 간략한 설명과 돋보이는 사진을 공유하는 SNS이다. 제품을 설명해야 할 때, 고객에게 자세한 설명이 필요할 때는 여러 장의 사진과 자세한 글이있는 블로그로 연결하자.

인스타그램과 어떤 매체를 연결하면 더 효과적일까 다시 생각해보자. 제품이나 프로그램을 자세히 설명해야 할 때는 블로그 링크, 제품을 바로 구매하게 하고 싶다면 쇼핑몰 링크, 매장을 운영한다면 위치나 매장 정보, 리뷰까지 보여 줄 수 있는 네이버 플레이스, 고객과 바로 소통해야 하고, 데이터베이스까지 모으고 싶다면 플러스친구 링크를 연결한다. 플러스 친구는 앞서 카카오톡 챕터에서 이야기를 했었다.

아마 인터넷에서 제품을 주문하면서 쇼핑몰이나 택배회사에서 주문안내, 배송안내 카카오톡을 받아 본 적이 있을 것이다. 카카오에서 운영하는 고객관리 프로그램으로 사업자들이 사용하는 비즈니스용 카카오톡이며 고객관리가 편하고 고객과 소통하기 편리하다. 이것은 플레이스토어 또는 앱스토어에서 「플러스친구 관리자」를 다운받으면 된다.

그런데 이름 변경에 제약이 있다는 것을 기억하자. 친구가 100명 이하일 때는 한 번만 변경할 수 있기 때문에 신중히 작성해야 한다. 검색용 아이디는 한글이나 영문 모두 가능하며 검색할 때 회사이름 외 업종 키워드로 검색할 수 있다. 그래서 플러스친구 이름과 검색용 키워드 함께 사용하는 것이 좋다. 예를 들면 플러스친구 이름은 「시민몽키」, 검색용 키워드는「시민몽키의 디지털 마케팅 교육」, 카테고리는「교육/ 온라인교육」, 소개 메시지는「시민의 꿈을 키워주는 박교수의 1:1 디지털 마케팅 교육 코칭으로 돈쭐나세요」라고 한다. 플러스 친구 가입이 끝나면 카카오톡의 검색창에서「내 플러스 친구」를 검색해본다.

인스타그램은 실명이 아니라도 가입할 수 있으며 이메일만으로 계정을 만들 수 있다. 1개의 휴대전화로 5개 계정을 동시 운영 가능하며, 프로필 영역에만 1개 가능하며 게시물 링크는 불가능하지만 제품 태그 생성 시는 가능하다.[13] 게시물 공유는 불가능하여 앱을 사용하면 할 수 있다.

13) 안회곤(2018). 4차 산업혁명시대 온라인 생존마케팅

페이스북

페이스북은 실명계정으로 휴대전화와 이메일을 등록하며, 1인 1계정이 필수이며 게시물 링크와 공유가 가능하다. 페이스북은 2003년 10월 28일, 하버드대 학생 마크 저커버그(Mark Zuckerberg)가 페이스매시(facemash)라는 이름의 서비스로 시작하여 2005년 facebook.com 도메인을 200,000달러에 구매하였다.

처음 시작은 사람과 사람을 연결해주는 소셜네트워크였다. 2006년 뉴스피드 추가, 2007년 페이스북 페이지 및 페이스북 광고와 페이스북 그룹이 추가되었다. 아이폰이 국내에서 첫선을 보인 2009년 후반부터 한국에서 본격적으로 사용되기 시작하였으며 사용언어는 영어였다. 2010년 한글 서비스가 시작되었다. 개인 프로필 계정은 실명을 기반으로 사람들과 소통하며 네트워크를 형성하는 방식으로 페이스북 페이지는 자신의 비즈니스를 홍보하거나 공인 또는 단체를 홍보할 수 있다.

「담벼락」이라고 부르는 페이스북 메인화면을 커버 사진, 프로필 사진, 내 소개, 학력, 경력을 넣어 꾸밀 수 있다. 페이스북은 실명을 기반으로 하기 때문 이 부분을 잘 꾸며 놓는 것이 중요하다.

「타임라인」은 내가 올린 글들이 시간순으로 게시되는 곳으로 텍스트, 사진, 영상, URL 첨부하여 타임라인에 공유한다.

「뉴스피드」는 페이스북에서 친구로 설정한 회원들의 활동, 메시지, 추천 목록 등을 지속적으로 업데이트해 주는 것으로 페친의 소식은 뉴스피드를 통해 알 수 있다. 단, 모든 친구가 보이는 것은 아니고 알고리즘이 적용되어 친밀도가 높은 순으로 보인다.

수많은 사람으로부터 친구 요청이 온다.

무조건 수락이 아니라 신청자의 신분을 확인한 후 수락 또는 거절한다. 이때 자기만의 기준을 세워둔다. 필자의 경우는 프로필 사진이 없는 사람, 글을 쓰지 않고, 타인의 글을 공유만 하는 사람, 외국인, 연예인과 같은 여성의 사진만 올리는 사람과는 친구를 맺지 않는다.

타깃 고객이 있을 만한 관련된 페이지 찾는다. 지역마다 페이스북 맛집 페이지가 있다. 강남 맛집, 인천 맛집 등 검색하면 페이스북 페이지가 나오는데, '좋아요' 또는 댓글을 단 반응하는 페친을 찾아서 친구 맺기가 가능하다. 이들은 맛집, 먹거리에 관심을 보였으므로 우리 매장에도 관심을 보일 확률 높다.

친구 맺을 때 주의할 점은 친구 요청은 1,000명까지만 가능하다. 1,001명째가 되면 친구 요청이 불가하다. 기존의 친구 요청을 취소해야 하는 경우도 발생한다. 내가 친구 요청을 했는데 상대방이 친구 수락을 하지 않는 원인도 살펴야 한다. 담벼락, 프로필, 경력 및 학력사항을 정확히 작성해 놓았는지 다시 한번 점검해 본다.

페이스북의「개인 프로필」은 비상업용 / 개인용이며, 타임라인에 콘텐츠 공유, 1인 1계정 / 친구 수 5,000명까지 본인이 관리한다. 전체공개 / 친구만 / 나만 보기 / 사용자 지정 설정 가능하며 친구신청을 할 수 있다.

「페이스북 페이지」[14]는 광고용으로 게시물, 인사이트 확인, 광고, 이벤트, 쿠폰 샵을 생성하며 개설 수가 제한이 없다. 개설자가 관리자가 되며 편집자, 댓글 관리자, 광고주, 분석가 등 역할별 관리 권한 설정이 가능하다. 공개범위는 전체공개이며 가입방법은 '좋아요' 클릭이다.「페이스북 페이지」는 회사나 점포의 브랜드명이나 제품명으로 페이스북 개인 프로필 계정과 같이 팬을 맺을 수 있고 소통할 수 있는 채널로서 회사의 홈페이지와 같은 역할을 한다. 여러 명의 관리자를 둘 수 있으며, 누가 게시물이나 댓글을 달아도 페이지 명으로 표시된다. 관리자는 반드시 페이스북 개인 프로필 계정을 만들어야 한다.

페이스북 페이지는 검색엔진 웹사이트 영역에 노출되며 게시물 제한없이 웹에 공개가 되어 페이스북 계정을 갖고 있지

14) 이채희(2017). 나는 SNS로 월 3000만 원 번다.

않은 사람들에게도 보인다. 인터넷 사용자 모두에게 노출되기 때문에 콘텐츠 노출이 장점이며 무엇보다 무료이다.

소상공인이 반드시 해야 할 중요한 기능은 「체크인」 등록이다. 체크인은 매장 위치가 페이스북에 노출되고 페이지를 만들 때 정확한 주소를 등록하면 지도에 매장 위치가 표기된다. 인사이트(잠재고객 분석도구)는 네이버 블로그나 네이버 modoo 홈페이지 통계 분석 도구보다 더 자세한 정보가 다양하게 제공된다.

게시물 검색의 노출을 확장하기 위해 대표 키워드를 포함하여 「페이지 이름」은 매장 상호를 쓰는 것이 좋다. 예를 들면 인천재능대맛집 오발탄곱창, 제물포역맛집 오겹집 등이다. 음식점 및 카페, 쇼핑, 비즈니스, 장소, 비영리단체, 정치인, 서비스, video page, 일반 등 사업자별 효과적인 마케팅을 위해 맞춤형 템플릿을 제공한다. 페이지 [설정]에서 [템플릿 및 탭]을 누른 후 [수정]을 클릭하여 업종에 맞는 것을 선택하면 된다.

「페이스북 그룹」은 개별 사용자 모임으로 그룹 내 콘텐츠 공유, 설문, 이벤트, 판매 등을 한다. 개설 수는 제한이 없으며 개설자가 관리자가 되며 댓글 관리자 등 권한 설정이 가능하다. 공개범위는 전체공개 / 비공개 / 비밀이며, 가입방법은 「가입신청」을 해야 한다.

사람들이 페이스북을 찾는 이유는 다른 이들과 관계를 형성하고, 유지하고, 자기가 알고 관심이 있는 사람들이 평소 뭘 하는지 알아보기 위해서이다. 친구가 무엇을 읽고, 듣고, 입고, 먹는지, 어떤 의견을 옹호하는지, 계획은 무엇인지 등을 페이스북 알고리즘이 알게 해준다.

마케팅 담당자가 페이스북을 이용하고 싶어 하는 이유는 22억 명이라는 엄청난 수의 사용자가 있기 때문이다. 물론 너무 사용자가 많아 난관에 부딪히기도 한다. 많은 양의 콘텐츠가 사용자의 뉴스피드로 흘러들어 서로 주목받으려고 경쟁을 하다 보니, 볼 확률은 낮아진다.

「엣지」는 상태 업데이트나 사진 게시, 좋아요 누르기, 공유, 댓글 달기 등 이용자와 페이스북 사이에서 이루어지는 모든 상호작용을 말한다. 모든 엣지는 뉴스 스트림으로 전달된다. 사용자가 특정한 콘텐츠에 열렬한 반응을 보이면 그와 유사한 콘텐츠에도 관심이 있다고 생각하고 뉴스 필터링을 한다. 바로 이것이 사람들이 반응을 보이는 양질의 콘텐츠를 생산해야 하는 중요한 이유이다.

「엣지링크」 적용기준은 「친밀도 > 가중치 > 시간순」으로 합산 순위가 높은 콘텐츠가 뉴스피드 상위에 노출된다. 친밀도는 친구와 나의 관계가 얼마나 친한지 나타내는 지표이며, 가

중치는 게시물의 유형과 사용자들의 반응 측정이며 이미지보다 동영상이 더 많은 정보를 담고 있다고 판단하는 등 각기 다른 가중치를 부여한다. 시간은 지금 시점에서 얼마나 의미가 있는가? 이다. 일반적으로 하나의 게시물이 뉴스피드에 머무는 시간은 평균 3.2시간으로 3시간이 지나면 시의성에 의해 게시물 순위가 떨어진다.

페이스북에서 의미하는 훌륭한 콘텐츠는 가장 많이 매출을 올리는 콘텐츠가 아니라, 사람들이 다른 이들과 공유하고 싶어 하는 콘텐츠이다. 페이스북이 중요하게 여기는 것은 마케팅 담당자가 아니라 소비자들에게 유용한 플랫폼을 만드는 일로써 제품 구매가 아니라 좋아요, 댓글, 공유 클릭을 통해 사용자의 관심이 증명되는 것이다.

「라스트 액터 알고리즘」은 페이스북 사용자가 최근에 '좋아요'와 댓글 그리고 공유한 50개의 게시물을 분석하여 친밀감이 높은 이용자(친구, 페이지) 순위를 매기는 알고리즘이다. 순위가 높은 사용자의 게시물이 자신의 뉴스피드에 먼저 노출된다. 이처럼 페이스북 알고리즘은 자신이 좋아하는 사람의 정보와 관심 있는 분야의 콘텐츠를 원활히 볼 수 있도록 만들어져 있다.

개방성이 높은 트위터,
폐쇄형 SNS 밴드

트위터[15]는 페이스북보다 먼저 나온 초창기 SNS로서 문자 메시지를 통해 포스팅하는 서비스 콘셉트이다. 모바일에 최적화된 매체로 글자 수는 140자로 제한하고 #으로 시작하는 해시태그를 메이저 SNS에서는 최초로 도입하였다.

태그를 통해 정보를 넘나든다는 새로운 방향성을 제시하였지만, 이제는 이미지와 동영상으로 커뮤니케이션하는 시대로 변화하였다. 텍스트에만 치우쳐져 있는 트위터는 가장 열린 형태 SNS로 프라이버시 문제 등이 나타나고 있으며 적절한 폐쇄성과 관계 지향적인 페이스북에게 인기를 넘겨주었다.

개방성과 파급력은 열린 구조와 쉬운 전파방식으로 포털에서 검색결과에 노출이 되고 유명인이 트위터를 사용하고 있다면 인물 정보로 그가 최근에 올린 트윗을 볼 수 있다. 영향력 있는 인플루언서를 활용하면 이슈를 만들어 낼 수도 있다.

언론사 페이지로 유입되는 확률이 페이스북에 비해 트위터

15) 경호빈(2015). 모바일 SNS 마케팅

가 월등히 높으며 다른 SNS는 일상이나 단편적인 생각을 주로 공유하는 것에 비해 사건 사고, 특정 이슈가 생겼을 때 어떤 매체보다도 빠르게 그 소식을 전파한다. 우리나라에서는 이용자가 비교적 적으며 그 수가 상승될 기미도 거의 없다.

트위터 이용자 중 많은 수가 인플루언서이며 충성도가 높고 전파력이 우수하다. 전달력과 개방성이 높아 핵심적인 메시지를 널리 퍼트리는데 확산의 창구로 활용하면 좋고, 트윗 자체를 널리 알리고, 이슈화하여 제품이나 브랜드에 대한 바이럴 마케팅 분위기를 조성하는데 유용할 수 있다.

밴드와 온라인카페는 일반적인 SNS와 다소 방향성이 다르다. 열린 네트워크가 아니라 특정한 그룹만을 위한 닫힌 네트워크, 폐쇄형 SNS이다.

밴드의 광고상품은 비용이 너무 많이 든다. 이용자 수가 많은 것을 활용해서 노출 범위에 승부수를 띄운 듯하지만 어떤 브랜드가 어떤 관점으로 밴드를 마케팅에 활용해야 하는가에 대한 답을 쉽게 얻을 수 없다.

디지털 생각+

SNS 마케팅에서 중요한 것

SNS 마케팅을 할 때 신경 써야 하는 것은 사람들의 이목을 끌 수 있는 그 제품의 동영상이다. SNS 광고를 볼 때 짧은 형식의 동영상이 사진으로 된 것보다 보기가 편하고 이목을 끌기에 좋기 때문이다. 또 SNS 마케팅을 할 때는 그 제품을 직접 체험할 수 없기 때문에 동영상으로 간략한 설명을 하는 것이 도움이 된다(대학생 S).

SNS 홍보를 할 때 사람들이 볼 수 있는 홍보글의 노출도가 중요하다. 자신이 홍보하는 게시글이 소비자들에게 많이 노출되어야 그만큼 광고효과가 있기 때문에 중요하다고 생각한다(대학생 F).

사진. 직접 볼 수 없고 사진으로 밖에 볼 수 없기 때문에 눈에 띄게 보여야 사람들의 관심을 많이 받기 때문이다(대학생 G).

타깃. 어떠한 제품을 판매하고자 할 때 그 제품을 가장 많이 소비하는 연령층과 성별이 존재할 것이다. 이를 파악하여 마케팅한다면 비용과 시간이 훨씬 절약될 것이다. 예를 들어

내가 판매하는 비즈반지를 SNS에서 판매한다면 주요 소비층인 10~20대 여성을 타겟으로 잡아 이들이 가장 많이 사용하는 플랫폼인 인스타그램에서 마케팅하는 것이 좋을 것이다(대학생 L).

인플루언서. 연예인을 섭외하기보다는 유튜버와 협업하여 제품의 자연스러운 노출이 담긴 콘텐츠를 만드는 게 대중에게 더욱 친근하기 때문이다(대학생 M).

STP. SNS 마케팅으로 무엇을 하든, 누구를 타겟팅으로 할 것인가가 제일 중요한 것 같다. 정확하게 지금 마케팅을 하는 이유와 목표를 확실하게 정하고 시장 세분화를 통해 SNS 마케팅을 할 SNS를 정하고 타겟팅과 포지셔닝을 해서 사람들이 호기심을 가지게끔 만들어야 한다(대학생 H).

기획이 중요하다고 생각한다. 나는 기획을 할 때, 여성분들이 일상생활에서 쓰기가 무난한 곱창밴드의 장점이 무엇이 있는지, 혜택이 좋은지에 대해서 기획하였다. 기획이 중요한 이유는 제품의 장점, 단점을 잘 소개했을 때 구매하고 싶기 때문이다. 나도 신제품 설명이 상세히 되어있으면 구매하고 싶어진다(대학생 K).

chapter **07**

블로그 마케팅

blog
YouTube

“당신이 어디 서 있건 지금이 바로 시작할 때다.
오늘 당신이 기울이는 노력이 분명 세상을 바꾼다.”

앤드류 매튜스

“지금은 블로그 말고, 유튜브나 인스타그램이 대세야.”[16]

이렇게 말하는 사람들이 많지만, 아직까지 블로그는 가장 대중적인 정보제공 플랫폼으로 자리 잡고 있다. 구매설득의 마지막 단계이다. 블로그 마케팅의 핵심은 고객과 원활한 커뮤니케이션을 통한 관계를 구축하는 것이다. 양방향 소통이 가능한 플랫폼이다.

요즘 블로그는 광고 글로 도배된 경우가 많다. 하지만 구매나 여행, 맛집 등 실수를 방지하기 위해 소비자는 그것을 알면서도 검색 도구로 활용한다. 그리고 아직 블로그를 생산하는 사람보다 소비하는 사람이 많으며 문제 해결을 위해 블로그를 찾는 사람들이 많다. 블로그는 정보의 공유와 소통이 본질이다. 문제의 해결을 위해 찾아온 사람들에게 정보를 제공했다면 그 사람은 원하는 것을 얻은 후에도 다시 찾아오게 되는 경

16) 김영갑, 강상현(2019). 온라인 마케팅 실무

우가 많다. 블로그를 단순한 홍보 채널로만 생각하지 말고, 유의미한 정보전달에 집중해야 하는 이유이다.

상위노출에만 집착하기보다는 이웃 늘리기에 집중하는 편이 좋다. 네이버는 로직을 바꾸어 가며 어뷰징을 막으려고 한다. 이웃맺기 기능은 인스타의 팔로워나 페이스북의 친구 맺기와 같다. 정보 전달자로서 지속해서 블로그를 운영한다면 잠재고객을 확보할 수 있으며 전문성을 인정받을 수 있다.

블로그는 퍼스널 브랜딩과 자기 PR을 하기 좋은 플랫폼이다. 디지털 미디어가 발달하기 전에는 아무리 뛰어난 실력자라도 자신의 재능을 보여줄 기회가 많지 않았다. 콘텐츠를 체계적으로 정리하여 자신의 능력을 깊이 있게 표현할 수 있으며 전문적인 콘텐츠를 올리면 그것이 그대로 나만의 포트폴리오가 된다.

블로그 주제에 맞는 글을 계속 올리고, 해당 분야의 전문지식을 쌓을 수 있으며, 상대방이 쉽게 이해하고 공감할 수 있는 글을 쓰게 되므로 글을 쓰는 역량이 길러지는 자기계발 효과도 얻을 수 있다. 글쓰기 능력이 향상되어 출판의 기회를 얻을 수도 있다. 전문 리뷰어가 되면 수익 창출도 가능하며 대가를 받고 글을 올려주는 전문 리뷰 블로거가 될 수도 있다. 이렇듯 블로그는 나를 담는 그릇으로 새로운 기회를 만드는 공간이다.

블로그를 지속적으로 운영하기 위해서는 동기부여가 꼭 필요하다. 당장 눈앞에 성과가 나지 않더라도 꾸준히 블로그를 운영해야 하는 자신만의 이유를 찾아보자.

블로그 검색 상위 노출 전략

우선은 100일 이상 꾸준히 운영하자. 하루에 여러 개의 글보다는 하나라도 제대로 된 글을 작성해 보자. 핵심 키워드가 맨 앞에 오는 제목을 붙이자. 연관 키워드를 풍성하게 사용하고, 직접 찍은 영상을 사용해서 글을 쓰자. 주제에 맞는 연관 태그를 꼼꼼하게 활용하자.

블로그 공유가 잘 되는 방법이 있다. 제목에 숫자가 있을 경우 36%, 짝수보다 홀수 숫자를 사용했을 때 클릭률이 20% 높다는 결과가 나왔다. 첫 문단의 첫 문장은 짧게 쓴다. 문단을 짧게 구성, 소제목 글머리 기호를 넣어 가독성을 좋게 한다. 좋은 품질의 이미지를 사용한다.

세계적인 디지털 마케팅 컨설팅 회사인 백링코(backlinko.com)에서 제안한 방법으로 공유 활동의 27%가 오전 8시에서 낮 12시 사이에 일어난다. 그 시간대에 글을 올리면 사람들이 공유할 가능성이 높아진다. 10포인트, A4 용지 1장 정도 최소 2,000단어는 쓴다. 공유를 요청할 때는 구체적인 행동을 제시한다. 예를 들면 「이 게시글을 공유하세요」 보다는 「이 토익 공부 방법 팁을 공유하세요」가 「콜투액션(CTA, call to action)」으로 42% 더 큰 성과를 나타냈다.

블로그 제목을 쓰기가 어렵다면 이렇게 써 보자

~가 ~하도록 하는 방법(친구가 애인이 되는 방법), ~처럼 ~하라(구글처럼 아이디어를 내라), ~분만 주세요 ~을 드리겠습니다(5분만 투자하면 복근이 생기는 운동법), ~하는 00가지 방법, ~하는 00가지 노하우(유튜브에서 수익 내는 7가지 노하우), 게으른 ~가 ~하는 방법(게으른 청년이 부자 되는 방법), 이런 실수를 하시나요?(아이를 키우면서 이런 실수한 적 있으신가요?), 지금 ~하지 않으면 후회할 거예요(지금 건강(피부)을 지키지 않으면 후회할 거예요).

블로그 용어의 이해

랜딩 페이지(Landing Page)는 사용자가 블로그 글, 검색엔진, 광고 등을 거쳐 접속하는 웹페이지이다. 즉, 웹사이트나 블로그 또는 쇼핑몰 회원 가입 페이지, 뉴스레터 구독 페이지, 제품 샘플 요청 페이지 등 기업이 방문자에게 원하는 행동, 즉 제품구매, 회원가입, 자료 다운로드 등의 행동을 이끌어내는 페이지다.

포스트(post)는 「게시하다」라는 의미로 블로그에 올린 글 하나하나가 「포스트」이며 「포스팅」은 블로그에 글을 쓰고, 사진을 넣어 올리는 행동을 말한다. 예를 들면 「이번 포스트가 좋다」, 「하루에 1개씩 포스팅하세요」로 쓸 수 있다. 「네이버 포스트」 등장으로 혼동이 일어나기 시작하였다. 그래서 블로그에 쓰는 포스트는 「글」, 포스트에 쓰는 글은 「포스트」로 정했다.

블로그는 인맥 기반의 플랫폼으로 「관계맺음」은 「블로거와 이웃」으로 소소한 일상부터 주제별 전문 글까지 자신의 소식을 이웃에 전하는 공간이다.

「이웃」은 블로그의 소식을 받아 보는 사람들로서 이웃을 신청하면 그 사람의 블로그의 글을 볼 수 있다. 「서로이웃」은 신청받은 사람이 승인을 해야 서로 소식을 공유할 수 있으며 이웃보다 더 긴밀한 관계이다. 서로이웃의 수는 5,000명으로 제한하고 있다. 「포스트」는 관심 주제를 기반으로 한 「관계맺음」이다. 에디터와 팔로워의 관계로 에디터가 특정 주제에 맞는 전문 콘텐츠를 팔로워(네이버 블로그의 '이웃')에게 제공하는 공간이다.

「위젯」은 지도, 서재, 방문자, 그래프와 같이 블로그 운영을 돕는 특별한 기능을 담당하는데, 쇼핑몰을 운영하고 있다면 사업자정보 위젯을 사용하는 것을 추천한다. 「배너」는 네이버 블로그의 위젯 기능을 응용해 설치할 수 있으며 PC 화면에서만 보인다. 방문자들을 공식 홈페이지나 다른 SNS 채널로 자연스럽게 유도할 수 있다.

블로그지수는 블로그 검색에 영향을 미치는 다양한 요건을 수치로 나타낸 것이다. 블로그지수에는 '블로그를 얼마나 오랫동안 운영했는가?'를 보는 「지속성」, '방문자 수, 페이지 뷰, 댓글, 공감은 어느 정도인가?'를 판단하는 「인기도」, '얼마나 자주 포스팅하는가?'로 알아보는 「활동성」이 있다.

블로그 메인에서 주제별 보기를 클릭하면 최근에 발행된 블로그 글 중에서 「주목도 지수」가 높은 글이 보이며 개별 포스트 단위로 적용된다. 주목도 지수는 블로그 홈에서 노출되는 포스트의 정보, 반응, 인기도 등의 조건을 시스템상에서 종합적으로 산출해 부여하는 점수이다.

크리에이티브 코먼스 라이선스(creative commons license)는 특정 조건에 따라 저작물 배포를 허용하는 저작권 라이선스를 표시하는 것이다. 저작물을 제공하는 사람은「저작자 / 비영리 / 변경금지 / 동일조건변경허락」의 4가지를 조합해서 표현이 가능하며 타인의 이미지를 쓸 때 CCL 표시를 확인한다.「검색엔진 최적화」는 키워드를 검색했을 때 상위에 노출되는 글로 검색에 최적화된 글을 의미한다. 검색 키워드를 글의 제목과 본문에 잘 담는 것이 중요하며 내용 없이 키워드로만 도배하면 스팸으로 분류된다. 진솔하게 쓰는 것이 중요하다.

「이달의 블로그」는 매달 새로 시작한 블로그 중 독특하고 주목할 만한 블로그를 소개하거나 매달 주제를 정해 관련된 블로그를 소개하는 코너이다.「공식블로그」는 공공기관, 정부 부처, 방송, 대학, 기업 등 단체가 직접 운영하는 블로그에 담긴 정보를 이용자들이 더욱 신뢰하고, 안심하고 이웃이 될 수 있도록 인증해 주는 제도이다.

디지털 생각+ 사이버불링, 온라인 혐오 발언 등에 관한 의견

아무 생각 없이 지나치면 안 되고 그냥 지나칠 수도 없다고 생각한다. 먼저 사이버불링, 가짜뉴스, 온라인 혐오 발언이 무엇인지 알아야 하고, 그에 대한 예방법을 배우는 것이 필요하다. 그러기 위해서 범죄라는 것을 교육 활동을 통해서 어릴 때부터 지도해야 한다. 또한, 적극적으로 사이버불링에 관해 알리는 것이 중요하다고 생각을 한다. 가짜와 진짜를 가려서 볼 수 있는 변별력을 길러야 한다.

선을 넘은 댓글은 신고 버튼을 눌러서 신고하거나 법적으로 처벌할 수 있도록(연예인이나 인플루언서를 향한 악플이나 악의적인 글이라면) 캡처를 해서 필요한 조치를 취할 수 있도록 하는 것이 옳다고 생각한다. 또한, 가짜 정보를 진짜라고 믿는 사람들에게 사실이 아님을 알리는 것도 깨끗한 인터넷 문화를 만드는데 기여하는 행동이 될 것 같다고 생각한다(대학생 A).

'표현의 자유'라는 것에 대한 찬반 의견을 배우고 본인의 성찰이 필요하다. 익명성과 표현의 자유를 이용하여 본인이 차별적인 언행이나 '~카더라'라는 부정적인 추측을 하지 않았는지 성찰을 해야 한다. 또는 직접 의견을 표출하지 않았어도 무의식적으로 차별과 혐오, 거짓에 동의, 동조, 공감하지 않았는지 생각을 해 봐야 한다.

논란, 이슈, 사건, 사고에 대해 생각을 하고 댓글을 써야 하는 데 그냥 쓰면 옳지 않은 말을 사용하게 될 수도 있다. 실제로 얼굴 보며 얘기할 때처럼 최소한의 예의와 판단력을 가지고 온라인상에서 말을 해야 한다. 연예인에게 악플을 다는 것은 '그저 수많은 댓글 중 하나이기 때문에 엄청난 타격은 없겠지'라고 생각하지 말고 그 하나하나가 모이고 모여 사이버불링이 된다는 점을 숙지해야 한다. 타인이 기분이 나쁘다면 그것은 본인의 잘못된 언행이다. '왜 이런 거 가지고 기분 나빠하지?' 보다는 '내가 타인에 대해 잘 모르고 그랬구나. 타인에겐 기분이 나쁠 수도 있구나'라고 인정해야 한다(대학생 P).

온라인 관련 사회적 이슈를 대면할 때, 경찰에 신고해도 온라인상에서 일어난 것이라서 해결이 안 되리라 생각한다(대학생 Q).

피해자, 가해자를 목격하면 즉시 신고 후 증거를 캡쳐 혹은 녹화 해둬야 한다고 생각한다. 사이버불링의 피해자, 가해자는 117 신고 혹은 경찰서에 방문하여 신고하고 사이버불링이 얼마나 상대방에게 상처인지 스스로 깨닫게 하는 것이 중요하다고 생각한다. 가짜뉴스의 경우 어렵지 않게 상대방의 신뢰성 하락, 정보조작, 악의적인 정보 등 여러 가지 문제가 발생하기 때문에 미디어 교육이 필요하다고 생각한다. 온라인 혐오 발언은 많은 사람의 눈살을 찌푸리게 하기도 하고 불편하게 한다. 그렇기에 증거 수집 후 신고하고 차단 후 관련 내용을 보지 말아야 한다(대학생 E).

간혹 사이버불링을 말리다가 그 분위기에 휩쓸려 어느새 자신도 사이버불링이나 혐오 발언을 하는 경우가 많기에 조심해야 하고, 사이버불링 신고는 전화 117, 앱 117chat, 문자 #0117이다. 물론 가해자를 벌하는 것도 중요하지만 상처받은 피해자를 한 번 더 들여다보는 것이 맞는다고 생각하기에 꼭 피해자에게 안전드림센터 117을 통해 상담받아 보길 권유해 본다(대학생 I).

인간적인 도덕이 필요하다고 생각한다. 입장 바꾸어 생각해보기(대학생 F).

의견에 동조하거나 반응하지 않으며 신고를 한다. 또한, 공신력 있는 매체나 영향력 있는 이용자의 부적절한 혐오 발언은 지속적인 신고와 공론화를 통해 사회적인 제재를 가해야 한다. 가짜뉴스의 경우 대형언론사에 민원을 제기하거나 청와대 국민청원을 통하여 더 이상 노출되지 못하도록 노력하는 것이 좋다(대학생 T).

태도는 항상 중립이지만 그때그때 자신의 판단하에 행동해야 한다고 생각한다. 가짜뉴스와 논란에 휩싸이지 않고 혐오 발언에 대한 글은 조용히 신고한다. 하지만 이런 행동을 하는 이유를 생각하고 이해하려고 생각도 한다. 가짜뉴스는 기본적인 상식이 있어야 하거나 뉴스에서 전달되는 정보를 알고 있어야 한다(대학생 R).

사이버불링, 가짜뉴스, 온라인 혐오 발언 등을 지금까지 살면서 많이 봐왔다. 그런 사회 이슈를 대면했을 때 사실적 근거가 있는지부터 확인하여 올바르지 않다면 신고를 한다. 극도로 편향되어있는 성향의 매체나 언론은 피하는 것이 좋다(대학생 Y).

한쪽 의견만 보는 것이 아닌 여러 가지 정보를 찾아보며 사실 여부를 판단해야 한다. 잘 알지 못하는 상태에서 고정관념을 가지고 보면 안된다(대학생 V).

극우 커뮤니티, 혐오를 생산하는 커뮤니티를 가입하지 않으며 이용하지 않는다. 그런 커뮤니티의 글, 논란에 힘을 실어주지 않으며 그 정보와 생각이 옳지 않다는 것을 알린다. 사이버 불링으로 괴로워하는 유명인의 SNS에 응원 댓글을 단다. 가짜뉴스를 만들어 내는 유튜버는 신고하며 호기심으로라도 그런 영상을 클릭하지 않아야 한다(조회수를 올리기 때문에).

인터넷 속의 내용을 온전히 흡수하는 것을 경계하기 위해 인터넷에서의 글과 소식으로만 세상을 접하지 않고, 뉴스 시청 및 독서 등을 통해 성숙한 생각을 가지기 위해 노력한다.

가짜뉴스는 엄하게 처벌해야 한다. 백신에 대한 뉴스 영상에는 불신과 비난하는 댓글이 달리고("백신 맞고 죽어도 나 몰라라하면서 백신 맞으라고 강요한다"라는 댓글을 읽었다), 그 댓글을 본 사람 중 무지한 사람은 말도 안 되는 의견에 동조하며 생각이 편협하게 변질될 수 있다.

요즘 시기에 전문적인 의료지식이 부족한 사람이 잘못된 신념을 가지고 올바른 의료처치를 하지 않는다면 그것은 심각한 문제로 이어질 수 있다. 수혈을 거부한 의료인(특정 종교) 때문에 환자가 숨진 사건도 있었다.

종교, 사상, 단체 등 가짜뉴스, 잘못된 정보가 모여 올바르게 작동하던 기본 윤리를 망가뜨리기 때문에 가짜뉴스는 그냥 두지 않고 처벌을 단호하게 해야 한다고 생각한다(대학생 G).

개인적으로 이에 대한 내용을 찾아본 적이 처음이어서 이런 방법이 있는 줄 몰랐다. 먼저는 해당 키워드에 대한 검색과 조사를 하는 태도가 필요하고 그것에 관한 법이나 세부적인 조치를 위해서는 더 전문적으로 이것을 담당하는 경찰들이나 117에 연락해서 해결하는 것이 필요하다(대학생 D).

피해자에게는 자꾸 생각하면 우울감이 생기므로 과감히 무시하라고 조언하고 정보통신윤리위원회 불법유해정보신고센터에 연락하면 주요 포털·언론·경찰청으로 이뤄진 핫라인을 통해 '퍼 나르기'에 의한 명예훼손 게시물 확산을 조기에 차단할 수 있다. 청소년을 위한 유해정보 신고전화 1377도 운영 중이고, 여기에서는 지난해엔 사이버 명예훼손 분쟁조정부도 생겼고. 온라인상의 명예훼손·모욕·성폭력·스토킹 등 권리 침해에 대한 상담 및 분쟁을 조정한다. 가해자 정보도 얻을 수 있다. 또한 경찰청은 사이버 공간에서 발생하는 모든 범죄에 대응하기 위해 사이버테러대응센터를 운영하고 있다(대학생 S).

인터넷상에서 가짜뉴스를 목격하게 되었다면 처음에는 그 뉴스의 진위를 확인할 수 없기에 팩트체크를 한 후 가짜뉴스임을 의심하게 된다면 방통위에 신고한다. 그리고 사이버불링은 사이버 왕따로 정신적, 시각적으로 피해자를 고통스럽게 한다. 대부분 피해자가 가해자에게 당하는 장면을 지켜만 보고 심지어 같이 동조할 때도 있다.

이럴 때 나는 사이트 관계자에게 건의를 하고 피해자가 왕따 당하고 있는 글을 삭제 요청을 할 것이다. 인터넷상이라 서로 얼굴은 모르지만, 온라인 혐오 발언이나 사이버불링을 당하고 있는 상황을 마주쳤을 때 자신의 올바른 생각을 말하거나 상황을 중재할 수 있는 용기도 필요하다고 생각한다(대학생 H).

chapter **08**

유튜브 마케팅

blog
YouTube

“좋아하는 일을 하라.
그러면 도전에 더 많은 목적의식이 생긴다.”

마크 저커버그

지금 어디에 있든 주변을 둘러보자. 스마트폰으로 유튜브를 시청하는 사람들은 쉽게 볼 수 있을 것이다.

이제는 시청하는 것을 지나서 직접 채널을 운영하며 마케팅을 하려는 사람들도 증가하는 추세다. 유튜브를 숫자로 살펴보면, 매월 19억 명이 넘는 사용자, 91개의 국가에서, 80여 개의 언어를 지원하며, 일일 시청시간 10억 시간이 넘으며, 1분마다 업로드되는 영상의 시간이 400시간 이상이다.

유튜브의 이해

2005년에 서비스가 시작되었다. 유튜브의 미션은 모든 사람이 세상을 향해 자신의 목소리를 내는 것이다. 사람들은 영상 콘텐츠의 미래는 밝다고 전망한다. 디지털시대인 오늘날은 텍스트에서 영상으로, 자기표현의 방식이 변화하고 있으며 「유튜버」, 「크리에이터」라는 신종 직업도 생겼다. 출·퇴근 시간에 버스나 지하철에서 유튜브로 영상을 보는 사람들을 쉽게 볼 수 있다.

글로 정보를 읽는 것보다 시각적인 것을 더한 유튜브가 이해하기 빠르고, 재미가 있고, 오늘날 빠르게 변화하는 트렌드를 쉽게 알 수 있기 때문에 유튜브를 시청하는 것이 아닐까?

그렇다면, 여러분은 유튜브 최초의 동영상이 무엇인지 알고 있는가? 2005년 4월에 올려진 「Me at the zoo」라는 19초 분량의 영상이다. 여기에서는 한 청년이 나와서 동물원의 코끼리를 보며 이렇게 말한다.

"우리는 지금 코끼리 앞에 있는데요. 이 녀석들이 정말 긴 코를 가지고 있어요. 정말 멋져요!"

특별한 볼거리도 없는 이 영상의 주인공은 유튜브 공동창업자 조드 카림(Jawed Karim)이다. 친구들과 함께 찍은 동영상을 공유하는 일이 번거로워서 스티브 첸, 채드 헐리, 조드 카림 세 명의 청년들이 동영상 사이트를 직접 만들기로 하였고, 이것이 유튜브 서비스의 시작이 되었다.

유튜브 최적의 영상길이는 몇 분일까? 1분? 3분? 5분? 10분? 30분? 각자 마음속으로 답을 했을 것이다. 영상이 3분 이내면 수익이 나기 힘들고, 7분이 넘어가면 집중력이 떨어진다. 크리에이터들은 영상의 적절한 길이는 10분 1초라고 말한다. 왜냐하면, 10분 이상의 영상에만 중간광고인 미드롤 광고(건너뛰기를 할 수 없는 광고)를 넣을 수 있기 때문이다.

건너뛸 수 있는 광고는 5초 이후 건너뛰기를 할 수 있다. 이때 30초 이상 시청하지 않고 건너뛰면 수익이 발생하지 않는다. 건너뛸 수 없는 광고는 수익 발생이 보장되지만, 시청자가 15초 이상 봐야 한다.

적절한 영상의 길이는 콘텐츠마다 다르기 때문에 어떻게 하면 시청자가 지루하지 않고 재미있게 볼 수 있을까를 계속 고민해야 한다. 구독자 1 만 명이 되기 전까지는 영상의 길이가 짧은 것이 좋다. 유튜브에서 중요한 지표는「시청 지속시간」이다. 즉, 얼마나 많은 사람이 끝까지 시청하는가가 중요하다. 영상의 길이가 짧아야 시청자가 영상 전체를 다 볼 수 있는 확률이 높아진다.

유튜브로 수익을 내는 방법은 크게 4가지가 있다. 첫째, 가장 기본은 조회수 수익으로 구독자 1,000명 그리고 시청시간이 4,000시간이 넘으면 유튜브에 광고 삽입이 가능해진다. 둘째, 기업, 도서, 전자 제품 등 리뷰를 통해 브랜드명을 노출한다. 셋째, 「슈퍼챗」인데 이것은 아프리카TV 별풍선과 비슷하다. 시청자들에게 직접 후원을 받는 것으로 대개 70%를 크리에이터가 가지고, 30%는 유튜브에 수수료로 제공한다. 마지막으로 직접 제품을 판매하는 「커머스」가 있다.

유튜브 수익에 관해 오해를 많이 한다. 조회수 1회당 1원 일 것이라는 생각을 하지만 같은 조회수라도 영상에 따라 수익이 다르다. 그리고 구독자 수와 유튜브 수익은 정비례하지 않으며 구독자 증가 추세가 중요하다.

구독자가 같아도 수익은 천차만별이다. 유튜브 초보자의 질문은 "구독자가 얼마예요?"라고 묻지만, 유튜브를 아는 사람은 구독자보다 "조회수가 얼마예요?"라고 질문한다.

같은 주제의 영상인데 수익이 왜 다를까? 첫째, 그것은 시청시간 때문이다. 얼마나 많은 사람이 그 영상을 끝까지 시청했는가가 중요하다. 둘째, 영상의 길이 때문이다. 러닝타임 10분이 넘어야 건너뛸 수 없는 광고가 붙을 수 있다. 셋째, 광고 시청횟수 차이다. 광고를 보면 유튜버들에게 수익이 생긴다. 집안일을 하는 경우 광고를 건너뛰지 않고 영상을 틀어두는 경우가 많기 때문에 광고를 보게 되는데 이럴 때 구독자 수 대비 광고비 수익이 높아진다.

「유튜브 리와인드(rewind)」는 유튜브 영상의 트렌드를 한눈에 확인할 수 있는 통로이다. 한 해를 되돌아보는 의미로 유튜브에서 공식적으로 발표하는 것으로 2010년에 시작해 매년 12월이 되면 유튜브 리와인드 영상이 공개된다. 매년 연말 트렌드에 국내 최고 인기 영상과 뮤직비디오 톱10을 발표하며, 이는 그해 유튜브에 공개된 동영상 중 11월까지의 조회수와 시청시간, 공유, 댓글, 좋아요 등을 종합적으로 평가한 순위다. 초반에는 인기 영상을 이어 붙여 보여주는 것에 그쳤지만, 2012년부터는 인기 영상과 노래를 리믹스하여 볼거리를 제공하고 있다.

2019년에 「키즈 유튜브 폐쇄」, 유튜브 정책이 변경되었다. 「아이들을 돈벌이 수단으로 이용한다」는 비판의 목소리가 높아지자 유튜브는 세계 60여 개국에서 일괄적으로 키즈 채널에는 광고 게재를 중단하기로 하였다. 콘텐츠가 아동용인지 아닌지를 유튜브에 고지할 의무가 생겼다. 아동용 채널로 확인될 경우 개인 맞춤 광고 게재가 중단되고 댓글 등 일부 기능을 사용할 수가 없다. 키즈 유튜브 채널의 광고가 전부 없어지는 것은 아니며 개인 맞춤 광고를 제외한 다른 수익 창출은 가능하다.

「노란딱지」는 광고를 게재하기 적합하지 않다고 판단되는 영상에는 크리에이터들의 수입이 되는 광고를 제한하거나 배제하는 정책으로 2017년 8월 유튜브에서 광고주 친화 정책을 발표하였다. 이러한 영상은 어떤 것이며 노란딱지를 붙이는 기준은 무엇일까?

2019년 6월 기준으로 부적절한 언어, 즉 과도한 언행이 제목이나 썸네일 이미지에 있을 경우, 폭력적이며 잔인하거나 타인에게 혐오감을 줄 수 있는 영상, 수위가 높은 영상, 유해하거나 위험한 행위로 예를 들면 학대, 비의학적인 치료 영상에 노란딱지가 붙는다.

유튜브에는 전화를 주고받을 수 있는 상담원이 존재하지 않고 AI(인공지능)가 대답을 한다. 「광고 게재에 적합하지 않다」라고 판단되는 영상은 인공지능이 스스로 판단한다. 사람이 판단하는 것이 아니라 기계가 정하는 것이기 때문에 오류의 가능성도 존재한다. 즉, 문제가 없더라도 알고리즘의 오류로 영상에 노란딱지가 붙는 경우가 있다.

만약에 그런 경우 재심을 신청하면 되지만 그것을 해결하는

데 시간이 오래 걸리며, 재심을 아무나 받을 수 있는 것도 아니다. 영상이 7일 이내에 조회수가 1,000 이상이 되어야 재심의 대상이 될 수 있다. 문제가 없는 영상을 올렸는데 조회수가 낮을 경우는 노란딱지가 붙어도 재심을 받을 기회가 없다. 고객센터가 없는 상황에 기계적인 오류가 발생하면 현실적으로 해결하기 어렵기 때문에 크리에이터들은 그 영상을 스스로 삭제하는 경우가 많다.

유튜브에 노란색 딱지만 있는 것은 아니다.

정상적인 수익 창출이 가능할 경우는 초록색 달러, 문제가 있는 영상이라고 판단할 경우는 노란색 달러, 수익 창출 미설정된 영상의 경우는 회색 달러, 수익 창출이 불가능 영상은 빗금이 있는 달러가 있다.

유튜브 채널 운영

유튜브 채널을 개설하고 자신만의 색깔로 꾸며보자. 우선, 「채널 아이콘」은 「프로필 사진」이라고 생각하면 된다. 사람들과 가장 먼저 소통하게 되는 이미지로 본인의 얼굴이나 캐릭터 이미지를 만들어 활용한다. 채널에 적용될 때는 동그라미 모양으로 주변부가 잘리게 되니 중앙 부분에 집중하여 만든다.

「채널 아트」는 홈페이지의 메인화면과 같다. 채널 위에 보이는 배너로 이미지를 업로드하는 방식으로 로고나 대표 이미지를 넣거나 방송시간이나 이벤트 정보 등 정보를 전달하기도 한다.

「워터마크」는 「로고」라고 생각하자. 동영상이 재생되는 동안 로고를 시청자들에게 보여줄 수 있기 때문에 영상을 중간부터 보는 시청자에게도 채널을 알릴 수 있으며, 워터마크를 클릭하거나 마우스 커서를 위에 올려놓으면 채널 구독으로 바로 이어진다. 워터마크가 나타나는 시간을 지정할 수 있는데, 러닝타임 내내 보이거나, 영상의 시작이나 끝부분에만 보이게 할 수도 있다. 맞춤 시간을 입력한 후 업데이트를 클릭하면 워터마크 삽입이 끝난다.

「채널 예고편」은 시청자가 내 채널에 들어왔을 때 가장 먼저 보게 되는 영상이다. 이미 등록한 영상 중에서 예고편에 올리고 싶은 영상을 선택하면 된다. 채널 소개 영상을 만들어도 된다. 하지만 구독자가 많지 않을 때는 내 채널의 인기 영상을 노출하는 편이 좋다. 텍스트나 이미지 또는 색상으로 통일감을 주는 「미리보기(썸네일)」 이미지는 시청자의 기억에 오래 남는다.

「재생목록」은 크리에이터가 직접 만드는 동영상 분류다. 특정 카테고리를 만들어 주제별로 동영상을 분류하며, 재생목록에 있는 영상은 시청자가 연속으로 시청할 수 있다. 시청시간은 유튜브 채널을 운영하는 데 있어서 매우 중요한 요소 중 하나이다. 시청시간이 길수록 채널 성장에 큰 도움이 되므로 재생목록을 꼭 활용하자. 유튜브에 영상을 업로드할 때마다 영상에 대한 설명이나 태그 등을 쓰기가 번거롭다. 그럴 경우에 「업로드 기본설정」을 미리 저장해 두면 일일이 쓸 필요 없이 자동으로 입력이 된다.

「유튜브 오디오 라이브러리」에는 저작권 걱정 없는 무료 배경음악이 많다. 영상과 어울리는 음악을 어디서 찾아야 하는지 고민될 때 영상의 콘셉트에 맞게 음악을 선택할 수 있다. 댄스, 클래식, 힙합 등 장르별, 드럼, 오르간 등 악기별, 행복, 슬픔 등 분위기 별로 간편하게 검색하여 원하는 카테고리에 있는 음악을 선택해서 다운로드를 하면 된다. 재생시간을 보고,

나의 영상의 재생시간과 비슷한 음원을 사용하면 더 효과적이다. 무료 이미지가 필요할 때는 「픽사베이」 홈페이지에서 검색해서 다운받아 사용할 수 있다.

벅스나 멜론에서 구매한 음원을 내가 만든 영상 콘텐츠에 활용할 수 있을까? 음원을 들을 수 있는 서비스를 구매한 것이지 음원 자체를 구매한 것이 아니기 때문에 사용할 수 없다. 1시간 반복 듣기, 베스트 10곡 등 유튜브에 음원을 올린 사람들은 어떻게 한 것일까? 만약 이들이 원저작자의 이용허락을 받지 않았다면 저작권 침해다.

유튜브가 저작권 침해를 발견해서 원저작자에게 신고를 하면 원저작자가 판단해서 영상을 차단하든가 수익을 공유하든가 한다. 10초, 30초의 음악은 저작권 침해가 아니라는 것은 근거 없는 말이며 모두 이용허락, 인용, 공정한 이용 범위 내에서만 가능하다. 출처를 밝혔다고 저작권자의 권리를 가지는 것이 아니기 때문에 자유롭게 이용할 수 있는 것은 아니다.

무료 폰트도 사용범위가 있다. 예를 들어 개인적으로 쓰면 무료이지만, 영리 목적으로 쓴다면 이용제한이 있는 폰트도 있다. 내 콘텐츠에 처음에는 광고가 없었지만 후에 광고가 붙게 되면 그때부터는 상업적인 목적이 되기 때문에 폰트도 꼼꼼히 체크해야 한다.

저작권법은 영리와 비영리를 구분하지 않는다. 비영리라고 타인의 저작물을 마음대로 사용하면 안 된다. 저작권법에 따라 2차 저작물도 보호를 받기 때문에 원저작자와 2차적 저작물 작성자 모두에게 이용허락을 받아야 한다. 더 궁금한 사항은 [국가법령정보센터], [한국저작권위원회] 홈페이지를 방문해보자.

가끔 자신의 유튜브 주소를 모르는 사람들이 있다. 유튜브의 PC 오른쪽 위에서 계정 아이콘을 누른 후 왼쪽 위의 내 채널을 클릭하면 내 채널을 바로 확인할 수 있다.

유튜브가 제공하는 맞춤 URL을 활용하여

https://www.youtube.com/channel/UCDK59E-h1oWq4G_KCw0p3K2Q

위와 같은 긴 주소를 「https://www.youtube.com/c/시민몽키열정왕비」로 URL 간단하게 만드는 방법이 있다. 우선, 이것을 사용하기 위해서 3가지 조건이 충족되어야 한다. 채널을 운영한 지 30일이 지나고, 채널의 구독자 수가 100명을 넘으며, 채널 아이콘 이미지와 채널 아트가 등록되어 있어야 한다.

새로 업로드한 영상은 조회수가 거의 없기 때문에 유튜브에서 시청자에게 노출되는 것은 어렵다. 인스타그램에 예고편이나 쇼트 영상을 올려 풀 버전 영상은 유튜브 채널에서 볼 수 있다며 유튜브 채널로 이끌고, 유튜브에 공개되지 않은 미공개 영상 및 이미지는 인스타그램에 게시하는 등 다른 SNS들을 활용하는 것도 좋은 방법이다.

디지털 생각+

온라인 공간에서 '나' VS 오프라인 공간에서 '나'

공식적인 자리에서 온전히 나를 다 보여주진 않는 것 같다. 온라인 속에서 만나는 사람들과 오프라인에서 만나는 사람과의 관계의 깊이가 다르다고 생각한다. 오프라인 속에서 만나는 사람들과 더 깊은 관계를 유지하고 나에 대해 더 보여주는 것 같다(대학생 L).

나는 SNS를 하지 않는다. 한다고 가정하고 온라인의 '나'와 오프라인의 '나'를 나누어볼 때 온라인의 '나'는 오프라인의 '나'와 차이가 있을 것 같다. 왜냐하면, 나는 게시물이나 스토리를 올릴 때 현실에서의 모습 말고 이쁘게 혹은 멋지게 나온 사진만 올릴 것 같아서 현실과는 차이가 있을 것 같다. 그리고 비공개 계정이라면 그냥 친구들만 팔로워를 하고 오프라인과 같은 이미지일 것 같다. 공개계정은 아무나 볼 수 있으니까 약간의 가식, 내숭을 피울 것 같다(대학생 P).

온라인과 오프라인의 나는 차이가 없다. 그 이유는 온라인과 오프라인의 공통점은 사람과 사람으로 이야기하거나 소통을 하는 것이기 때문에 말을 할 때 한 번 생각하고, 말을 하거나 내가 어느 한 행동을 할 때 다른 사람이 불편해할 것을 생각하고 행동하려고 한다. 그리고 요즘 '키보드 워리어'라는 명칭이 붙는 사람이 많은데 그런 사람들을 보았을 때 한심해서 나는 그런 사람이 되지 말아야 한다는 생각이 들어서 온라인의 나와 오프라인의 내가 같은 사람이 되려고 더 노력한다(대학생 M).

차이가 있다. 아무래도 오프라인 공간에서는 말실수할 수도 있고 남에게 상처를 주는 말을 할 때가 있다. 하지만 온라인 공간에서는 한 번 더 생각해서 채팅하게 되고, 나라는 사람을 표현하는 것이기 때문에 한 번 더 생각해서 댓글이나 글을 쓴다(대학생 O).

나는 온라인 공간과 오프라인 공간에서의 차이가 조금 있는 것 같다. 온라인에서의 나는 여러 아이디나 아바타로 활동하며 다양한 정체성을 지닌다. 가끔 자기에게 주어진 역할과 책임을 망각하는 경우도 있다.

인스타그램, 페이스북, 홈페이지, 블로그 등 자신만의 아름다운 공간을 꾸밀 수 있다. 온라인 카페, 클럽 등 취미나 관심이 같은 사람들끼리 온라인 소통을 한다. 보다 자유롭고 다양한 자신의 표현과 활동을 한다. 쇼핑할 때도 옷을 입어보고 사는 것과 안 입어보고 사는 것은 확실히 차이가 있기 때문에 쇼핑은 주로 오프라인에서 하는 편이다(대학생 S).

나는 차이가 없다. 온라인 공간도 '나'라는 사람이 있고, 오프라인에서도 '나'라는 사람은 둘 다 같다. 온라인이나 오프라인이나 내 성격, 내 행동, 내 말투 그대로 표현하고 생활을 한다(대학생 G).

오프라인에서는 말수가 적고 사람들과 활발히 교류 및 리액션을 많이 하지 않지만, 온라인에서는 칭찬이나 공감을 활발히 하는 편이다. 또는 재밌거나 유용한 정보거나 귀여운 동물 사진이면 무조건적으로 같이 SNS를 하는 단짝친구에게 공유한다. 오프라인에서는 동물과 인연이 거의 없지만 온라인에서는 랜선 집사처럼 많은 동물의 소식을 보고 행복해한다. 온라인에서는 마치 박물관에 온 것처럼 이런저런 이야기, 사진, 소식이 많기 때문에 하루하루가 새로우면서도 피곤하다(대학생 K).

차이가 있다고 생각한다. 온라인 공간에서는 말투나 목소리를 들을 수가 없다 보니 자칫 오해를 불러일으킬 수 있다고 생각한다. 그래서 오프라인에서 사용하는 말투보다 친절하게 사용하려고 하는 편이다. 그렇게 하여 오해를 미리 방지하려고 한다(대학생 C).

온라인 공간과 오프라인 공간의 나는 비슷하다고 생각한다. 다른 점이 있다면 인스타그램의 주로 활동하는 아이디 자체가 나의 강아지 계정이기 때문에 사람 임에도 불구하고 강아지인 척 댓글도 달고 강아지인 척하면서 맞팔도 맺으러 돌아다닌다. 그 이유는 물론 우리 집 강아지를 다른 사람에게 자랑하고 싶은 마음도 있지만, 팔로워가 많아져서 강아지 용품이나 간식 등등을 협찬을 목표로 하고 있기 때문이다(대학생 N).

주변 사람들에게서 온라인 공간에서 얘기할 때 음성지원이 된다며 오프라인 공간에서 말하는 것과 똑같다는 얘기들을 자주 들어왔기 때문에 없는 것 같다(대학생 V).

chapter 09

라이브커머스 VS 홈쇼핑

blog
YouTube

“위험이 있는 곳에 기회가 있고,
기회가 있는 곳에 위험도 있다.
이 둘은 분리될 수 없다.
이 둘은 함께 한다.”

얼 나이팅게일

V커머스는 무엇인가? 비디오(video)와 커머스(commerce)의 합성어이다. 비디오는 사진, 동영상, 라이브 방송이며 ‘커머스’는 상업적이라는 의미이다. 영상으로 상품을 파는 것, 다시 말하면 드라마, 영화의 PPL 등 동영상이나 라이브를 통해서 직간접적으로 상품을 판매하기 위한 모든 것이다.

홈쇼핑은 일방적인 정보 전달로, 전문 쇼호스트의 진행으로 이루어지며 전화 주문 방식으로 구매가 이루어지고, 라이브커머스는 인플루언서가 쌍방향 소통을 하며 모바일 결제방식을 사용한다.

라이브커머스의 이해

모바일 쇼핑이 보편화 되면서 경쟁이 심화되고, 새로운 마케팅 전략이 필요해 졌다. 그래서 온라인 쇼핑업계에서 라이브커머스를 도입하였다. 코로나19 확산에 언택트 니즈가 증가되어 온오프라인 커머스 업계의 신 유통판로로 라이브커머스가 활성화되었다. 좋은 제품품질, 진행자의 진행 실력, 매력적인 할인 이벤트가 라이브커머스의 성공조건이다. 클릭 한 번이면 소비자는 언제든지 로그아웃할 수 있기 때문에 끊임없이 집중시켜야 한다.

온라인 몰에서 내가 팔고 싶은 상품을 찾아서 회사에 연락을 한다. 연락을 하기 전에 제안서를 만들어 둔다. 제안서는 양식이 따로 있지 않다. 하지만 거래할 때 반드시 합의되어야 할 내용이 들어가 있어야 한다. 처음부터 명확하게 합의하고 진행하는 것이 좋다.

방송횟수 및 시간을(주간 몇 회, 월간 몇 회 / 1~2시간) 정해야 한다. 판매수수료는 크리에이터의 인지도와 역할과 책임에 따라 달라지며 기준이 없으며 협의하기 나름이다. 정산일은 주간, 격주간, 월 단위 등으로 정할 수 있다. 저작권은 크리에이터에게 귀속되는 것인지도 정해야 한다. 대개 제작과정에서 발생하는 저작권 관련 책임은 크리에이터가 지는 것이 상식이다.

샘플비용은 어떻게 되는가? 무상제공인가? 방송 1회당 몇 개의 샘플이 필요한가? 크리에이터가 영향력이 있으면 무상제공이지만, 그렇지 않으면 원가에 구매해서 진행하는 경우가 많다. 배송, 반품, 교환, A/S 책임은 대부분 생산자(상품공급자)책임이다.

「1인 방송으로 귀사의 상품을 팔 테니, 판매했을 때 수수료 얼마 주시겠습니까?」 무명이라면 거절당할 수 있지만, 회당 출연료를 요구하지 않는다면, 출연료 및 방송비용을 부담하지 않고, 자기 제품 홍보 및 판매할 기회를 얻는 것이기 때문에 거절할 이유는 딱히 없다.

제조원은 상품을 만든 회사나 개인이며, 판매원은 판매를 담당하는 회사이다. 제조원과 판매원이 하나인 회사도 있고, 다른 회사도 있다. 제조원과 판매원의 거래 관계가 어떤지 확인해야 하며 판매원이 모든 판권을 가지고 있다면 그 판매회사에 연락해야 한다. 제조원이 방송 판매를 직접 할 수 있다면 제조원과 거래계약을 하면 된다.

오프라인에서 내가 팔고 싶은 상품을 찾는다면 패션을 제외한 일반 상품의 소싱은 박람회나 전시회에 가서 그 자리에서 직접 체험한다. 그런 곳은 기업이 거래업체를 찾기 위해 나온 것이기 때문에 친절하게 설명해 준다. 의류는 동대문 도매시장 등을 이용하면 된다.

상품별로 제조원가가 다르기 때문에 정답은 없지만, 현실적 제안은 샘플을 제조원가로 보내 달라하고, 판매수수료 5~20%를 주기로 한다. 수수료가 가장 낮은 카테고리는 대형가전, 제철농산물이며, 가장 높은 카테고리는 건강식품, 화장품이다. 온라인 쇼핑몰 식품 카테고리 수수료는 최대 20%(보통 10~15%)이다.

브랜드(알려진 상품) 상품인가? 신개념의 상품인가? 비데, 정수기, 디지털 피아노, 김치냉장고가 처음 나왔을 때를 떠올려 보자. 이 제품들이 왜 필요한가? 일일이 필요성을 알리면서 판매를 하였다. 오늘날은 줄기세포 화장품, 캡슐커피, 휴대용 정수기 등이 신개념 상품이라 할 수 있다.

방송이나 영상으로 상품의 가치를 보여줄 수 있는가 고민해야 한다. 패션, 잡화, 보석, 가구, 청소기, 세탁기는 보이는 것 자체가 가치이다. 건강식품, 기초화장품, 기능성 화장품(주름), 다이어트 상품의 경우는 효과가 바로 나타나지 않는다. 색조화장품(아이섀도우, 립스틱), 헤어기기로 스타일링한 모습 그리고 운동기기를 사용하면서 뱃살 출렁이는 모습, 근육 움직이는 모습 등 즉각적으로 보여줄 수 있다.

커머스 전문 크리에이터는 방송 시간 내내 오직 상품만 판매한다. 해당 영역에 정보를 줄 수 있는 만큼의 전문성이 필요하다. 초보라면 구체적인 하나의 영역을 정하는 것이 좋다.

즉, 「패션」이라면 청바지 전문, 니트 전문, 오피스룩 전문, 면접 옷 전문, 「뷰티」라면 기초화장품 전문, 색조 전문, 헤어 전문, 두피 전문, 「보석」이라면 금 전문, 다이아몬드 전문, 진주 전문, 「여행」이라면 지역 전문, 국가 전문, 트래킹 전문, 휴양지 전문, (둘레, 올레, 한양도성)길 전문 등 초기에는 패션, 뷰티, 여행, 요리 등 한 상품군에 집중하는 것이 좋다.

콘텐츠 크리에이터는 자기 콘텐츠 방송을 진행하는 동안 특별상품이나 협찬 상품을 소개한다. 모든 상품을 소개할 수 있다. PPL(협찬방송) 수준으로 크리에이터가 일반소비자 입장에서 상품을 써 보고 리뷰하는 수준으로 소개하면 된다.

상품공부를 시작할 때는 직접 사용해 보는 것이 가장 좋다. 「화장품」의 경우에는 「나는 자기 전에 어떻게 바른다」, 「밖에서 나가기 전에 어떻게 바른다」, 「1주일 사용해 보니 어떻다」든가 「헤어·미용기기」의 경우는 시청자와 대화하면서 스타일링 할 수 있는 만큼 익숙해야 한다.

사용했는데 만약 상품이 좋지 않으면 커머스 크리에이터는 홈쇼핑 쇼호스트가 아니라 스스로 선택한 상품을 판매하는 것이기 때문에 본인이 써보고 좋지 않은 경우, 상품을 판매하지 않는 것이 좋다.

홈쇼핑의 경우에는 상품 선택을 쇼호스트가 하는 것이 아니다. 「싼 게 비지떡」이라는 말은 어느 정도 맞는 말이다. 싸고 좋은 상품은 거의 없다. 상품이 잘 팔릴지 아닌지 중요한 기준은 가성비(가격 대비 성능)와 타깃층의 지금 필요한 정도이다.

1인 방송은 양방향, 면대면 대화방식이다.

크리에이터를 믿고 구매를 한다. 효능·효과가 다르다면, 만약 속여 팔았다가 그 사실이 밝혀지면 그 시청자와의 관계는 회복 불가능하다. 그런데 품질 자체가 좋지 않은 상품이 아니라, 화장품이나 건강식품의 경우 「나의 피부에 맞지 않는다」, 「나의 체질에 맞지 않는다」라고 해서 나쁜 상품은 아니다. 내가 좋아하는 색상이라고 해서 좋은 상품도 아니다.

타깃을 명확하게 정하고 판매해야 한다. 세분화할수록 좋다.

화장품을 판매하려고 한다. 「이 상품이 가장 필요한 사람은 누구인가?」, 「이 상품으로 큰 도움을 받을 대상자는 누구인가?」, 20대 여성, 20대 후반 직장여성, 임신 중 여성, 30대 남성, 30대 미혼 남성, 50대, 전업주부, 타깃에 따라 평일 낮에 방송할 것인가, 저녁에 방송을 할 것인가가 달라진다.

초기에 상품을 선택하는 기준은 혼자 전부 다 하기 때문에, 한 분야에 집중하는 것이 효율적이다. 상품 판매를 잘하려면 상품에 대한 공부가 필요하다. 특장점, 가치를 찾아내서 설명해야 하며, 질문에 정확한 답변이 있어야 매출이 올라갈 것이다.

상품군마다 설명방식, 설득방식, 매대 설치 방식이 다르다. 집중 공략 분야를 정하자. 집중 공략 분야를 정할 때 자신을 아는 것이 가장 중요하다. 나는 누구인가? 나는 무엇을 좋아하는가? 내 장점은 무엇이고, 무엇을 잘하는가? 내 단점은 무엇이며, 단점을 보완하기 위해 필요한 사람은 누구인가를 생각해보자.

예를 들면, 첫째, 나의 강점은 좋은 피부이다. 꾸준히 관리도 하고 있다. 좋은 피부는 건강한 이미지, 고급스러운 이미지를 준다. 피부에 좋다는 콜라겐 등의 영양제를 복용하고 있으며 시술이나 홈케어에 관심이 많다. 자신의 인스타그램, 블로그 등에 콘텐츠로 게시물을 기록한다.

둘째, 나는 운동하는 여자이다. 운동에 관한 콘텐츠, 꾸준히 관리하는 모습을 올린다. 건강기능식품, 운동복, 피트니스 용품 등 다양한 분야의 제품 판매가 가능하다.

협찬 상품의 수익 구조는 대개 광고수익, 판매수익, 출연수익으로 나뉘는데 수익은 계약에 따라 달라진다. 「판매방송/홍보방송」의 경우 1회당 가격에 대한 거래를 계약한다. 크리에이터가 신인(무명)인 경우는 제조업체가 계약의 필요를 느끼지 못하기도 하여 계약서를 작성하지 않고 진행할 가능성도 있지만, 실적이 오르면 정식으로 계약한다. 커머스 방송과 동영상, 그리고 라이브는 마케팅적 속성이 다르다. 「동영상」은 상품의 특장점을 짧은 시간에 임팩트 있게 전달하는 정보 전달성이 강하다. 바로 구매 유도의 어려움이 있다. 「라이브」는 실시간으로 조작없이 리얼하게 보여주기에 좋다. 이 상품이 왜 지금 시청자에게 필요한지, 지금 구입하면 시청자는 어떤 좋은 조건으로 구매하게 되는지를 알려준다.

"스튜디오 촬영이 좋은가요? 야외 촬영이 좋은가요?"라는 질문에 대한 답은 상품별로 다르다. 스튜디오 촬영은 인공조명을 사용하며 색상이 중요한 패션, 의류, 잡화, 보석이나 주방, 음식 요리과정을 타이트하게 찍는다든가, 음식 색깔을 예쁘게 할 수 있다. 먹방이나 농수산물의 생산현장이나 캠핑상품, 아웃도어 상품의 경우 야외 촬영이 좋다.

궁극적으로는 방송 시간을 정해두는 것이 좋지만 초기에는 고정 편성시간이 무의미하다. 정기적으로 좋은 콘텐츠와 좋은 상품을 파격 조건으로 판매한다면 구독자 수가 증가할 것이고 매출도 증가할 것이다.

스마트폰 방송은 장소와 시간에 관계없이 시청이 가능하기 때문에 편성시간에 큰 의미는 없지만 먹거리 방송의 경우 식사 1~2시간 전에 하는 것 유리하다.

대개 홈쇼핑의 식품방송도 오후 4~6시에 한다. 커머스 방송 시간은 상품을 판매하는 시간이다. 그래서 생방송 시간은 길수록 좋다. 동영상은 영상의 길이와 시간이 중요하지만, 라이브 방송은 시간 자체가 무의미하다. 길거리 포장마차, 길거리 특설매장에서 매대를 설치하고 상품을 파는 것과 같다고 생각하면 된다.

커머스 생방송 최적 시간은 가게 오픈 최적 시간과 같은 의미다. 매장의 오픈 시간이 길수록 매출이 더 많은 것은 당연하다. 최소 1시간부터 시작해서 기본 2시간이다. 커머스 동영상은 몇 분이 적당한가요? 커머스 동영상의 길이는 일반 동영상의 길이와 다르며 상품별로 필요한 시간이 다르다. "얼마나 자주 방송하는 것이 좋은가요? 무조건 많이 하는 것이 좋은가요?"라는 질문을 종종 받는다.

상품 판매를 목적으로 하는 커머스 방송의 횟수는 많을수록 좋다. 체험할 수 없기 때문에 방송을 보자마자 구매하는 소비자는 많이 없다. 방송을 여러 번 본 후 구매할 가능성이 높기 때문에 신개념 신상품의 경우, 소비자가 익숙해질 때까지 자주 방송하는 것이 좋다.

성능, 효능, 효과가 떨어지면 아무리 싸게 팔아도 팔리지 않는다. 10년 전 노트북이나 컴퓨터를, 8K 시대에 디카 화소 100만을 팔면 고객들은 사지 않는다. 마케팅의 기본은 장점을 극대화하고, 단점을 최소화하는 것이다.

일부러 상품의 단점을 부각하여 설명할 필요는 없다. 우리 회사의 캠핑 의자가 타사의 제품에 비해 무겁다면 "프레임이 철재라서 일반 캠핑 의자보다 무겁지만, 그 무거움이 편안한 안정감을 준다. 의자는 들고 다니려고 만든 것이 아니다. 잠시 이동할 때만 무거울 뿐 바람에 쓰러지지 않는 튼튼한 의자이다"라고 이야기한다. 이것을 「전술적 부정」이라고 한다. 부드럽지 않은데, "부드러워요" 잘 안 써지는데, "쉽게 잘 써져요" 등의 거짓말을 해서는 안 된다.

「사입판매」는 판매자가 동대문 등에서 도매로 구입해서 판매하는 것이며, 「위탁판매」는 백화점, 대형마트, 홈쇼핑처럼 판매수수료를 받고 판매하는 것이다. 사입판매의 경우는 가격을 흥정해서 구매한 다음에 내 맘대로 판매하면 되기 때문에 제조업체와 계약이 필요없다. 단, 반품과 재고가 큰 부담이 된다.

경험이 없는 초기에는 사입판매가 위험하다. 소량으로 사입(동대문 도매)한 후 판매실적을 본 후 계속 사입으로 할지, 제조사와 계약하고 수수료로 할지 정하는 것이 바람직하다. 위탁판매, 홈쇼핑의 경우 20~40% 판매수수료이며 반품, 재고 책임이 없다. 판매수수료는 판매능력에 따라 비례한다.

나의 개인 채널에서 방송할 때는 시청자를 위해 좋은 상품을 대신 선택해서 대박 조건으로 구매할 수 있게 도와준다는 마음으로 방송을 한다. PPL을 싫어하는 시청자에게 진정성으로 다가간다. 시청자는 상품 판매를 한다는 자체보다 아닌 척하며 상품을 판매하려는 행동이 불쾌하다. 애초부터 상품 판매 방송을 한다는 사실을 알리고 방송을 하면서 판대에 대한 구독자의 거부감을 감소시킨다. 협찬 상품일 경우는 소개할 때만 협찬을 알리면 된다. 제조사가 배송 및 제품상담을 해야 하지만 나의 방송을 보고 구매한 고객은 A/S 관련 문의를 크리에이터에게 할 가능성 높다. 귀찮아하지 말고 제조업체와 고객 사이에서 가교역할을 하는 것이 양쪽으로부터 신뢰를 얻는 방법이다.

생방송을 하다 보면 여러 가지 돌발상황이 생긴다. 상품 시연이 예상처럼 되지 않을 때 판매에 큰 영향을 준다. 시연이 잘못되면 매출이 감소된다. 눈 감고 사용할 수 있을 만큼 많이 써본 후에 방송을 해야 한다. 그럼에도 불구하고 안될 때 다른 제품으로 다시 시연을 보여주고, 솔직히 왜 안됐는지 모르겠다고 설명을 한다. 제조업체에 불량률이 몇 % 정도인지 미리 물어보고 3% 이내면 괜찮은 편이다.

생방송 진행을 방해하는 상황이 생기기도 한다. 주제와 상관 없는 질문과 댓글로 도배를 하거나 크리에이터에게 함부로 말하거나 악의적인 질문을 하기도 한다. 전문적인 공격 질문은 모른다고 이야기하면서 경쟁사 관계자인 것 같아서 "악의적인 목적으로 질문하기 때문에 차단한다"라고 말한다.

라이브커머스 VS 홈쇼핑

홈쇼핑과 라이브커머스는 라이브로 판매한다는 것만 빼면 모든 것이 다르다. 한국의 홈쇼핑 판매방식은 '푸시 세일'(push sale)로 물량 밀어내기(상품을 밀어낸다)이다. 가격 혜택 및 프로모션 위주로 구매를 유도하며 일방통행식 충동구매 유도방식이다.

채널을 돌리다가 우연히 어떤 상품을 보게 되는 경우가 많다. 홈쇼핑은 대량 생산한 규격화된 상품을 판매하는 것이며 방송통신심의위원회의 심의가 까다롭고 엄격하다. 반품률이 평균 20%이며 전 국민의 니즈를 채워야 한다.

커머스는 '풀 세일'(pull sale)로 상품의 가치를 보여주고 고객이 스스로 결정하게 하는 방식이다. 시청자와 실시간 대화를 하며 시청자가 강요를 받으면 나가 버린다. 쇼호스트와 커머스 크리에이터도 다르다. 쇼호스트는 직접 상품 기획, 촬영, 영상제작을 하지 않으며, 소통도 심의에 위반되지 않는 내용을 선별해서 노출한다. 헤어, 메이크업, 의상 등 전문가의 손길에 의해서 준비되며 상품의 디스플레이 및 소품, 시연준비, 결제, 배송, A/S 관여하지 않는다. 하지만, 커머스 크리에이터는 이 모든 것에 참여를 한다. 홈쇼핑은 세트 중심으로 판매를 한다. 콜센터 비용 등 나가는 비용이 크기 때문에 판매 단가를 높일

수밖에 없다. 하지만 커머스는 소비자가 꼭 필요한 상품만 선택할 수 있도록 단품 위주로 상품을 구성한다.

라이브커머스 상품군을 분류할 때는 상품의 속성을 이해해야 상품을 기획하고 판매를 잘할 수 있다. 라이브커머스는 쇼핑환경에서 직접 체험해 보는 것이 아니라 시각과 청각에만 의존해서 소비자가 구매 결정을 한다. 「유형상품/무형상품」, 「브랜드상품/비브랜드상품」, 「계절상품/비계절상품」, 「고가상품/저가상품」, 「대기업상품/중소기업상품」, 「신상품/스테디셀러상품」, 「자주 쓰는 상품/어쩌다 한 번 쓰는 상품」 이렇게 세상의 모든 상품을 2가지로 나누는 작업을 해보면 상품의 속성을 이해하는 데 도움이 된다.

제품별 판매 전략을 알아보자. 커머스 전문 크리에이터라면 상품에 대한 자기 편견 없이 방송을 진행해야 한다. 나의 취향은 80억 개의 취향 중 하나일 뿐이며 진리가 아닌 것을 꼭 기억하자.

패션은 라이브커머스에서 현재 좋은 반응을 얻고 있는 장르이다. 의상을 갈아입어야 하기 때문에 블라우스나 외투 위주로 진행한다. 혼자 진행하는 것은 어려울 수도 있다. 색상이 여러 개일 경우 리허설 때 미리 입어보고 디자인의 장점과 커머스 크리에이터를 잘 살릴 수 있는 색상을 선택하여 착용하고 나머지 색상은 들어서 보여준다. 「허리 라인이 강조됐어요」, 「딱 떨어지는 기장입니다」, 「밴딩처리로 편해요」 등 실제 착용 후 전체적인 핏과 움직임을 이용해 시청자들에게 보여준다. 브랜드·소재(혼방비율)·디자인(핏 체크)의 정보를 제공하며, 데일리룩·오피스룩·파티룩 등 판매할 브랜드 콘셉트를 파악해야 한다.

잡화는 수납공간, 재질, 어떤 코디에 잘 어울리는가?, 브랜드와 가격이 중요한 요소다. 뷰티는 브랜드가 좋아야 잘 팔리는 것이 현실이다. 아니면 성분이 엄청 좋거나 요즘 유행하는 성분이 들어가 있어야 고객의 눈길을 사로잡을 수 있다. 뷰티는 직접 바르고 효과를 느껴볼 수 없기 때문에 고급스러운 핸들링과 섬세한 시연이 중요하며, 1시간 동안 피부의 변화를 보여주는 것이 어려우므로 비포와 애프터 등 다른 제품보다 후기를 하나하나 보여주는 경우가 많다.

식품은 무조건 맛있게 잘 먹어야 하며, 즐거워야 한다. 초보 진행자는 식품 방송인데 말이 너무 많고 설명을 많이 하는 실수를 저지르게 된다. 적게 말하고 많이 먹었을 때 식품은 잘 팔린다. 시청자와 꾸준히 소통과 퀴즈 등의 이벤트로 1시간 동안 방송을 진행한다.

건강기능식품의 경우 인증이 중요하다. 식약처 인증을 받았는가? 효능 효과 검증서가 있는가? 원료를 정확히 파악해야 한다. 건강기능식품은 건강과 직결되어 있어야 하며 진행자의 말투나 행동 하나하나에 신뢰감이 있어야 한다. 꼼꼼하고 정확하게 설명해야 하므로 다른 제품보다 방송에서 발성이 중요하다.

리빙 & 가전은 살림과 육아의 경험 여부가 멘트에 묻어나야 한다. 필수품의 경우는 가격이나 브랜드에 따라 팔리기도 한다. 침구는 사치품에 가깝다. '왜 사야 하는가? 나의 삶의 질이 얼마나 나아질 수 있는가?'를 부각시켜야 한다.

가전의 경우는 제품정보와 시연이 중요하다. 성능과 크기를 제시하며 직접 가동해보고 그 결괏값과 출력물을 보여주며 시청자들의 궁금증을 해결해주어야 한다.

디지털 생각+ 인공지능이나 로봇이 나의 취업에 어려움을 준다면?

인공지능이나 지능형 로봇이 널리 활용되어 나와 주변 사람들의 삶에 어려움을 준다면 따로 인공지능과 지능형 로봇들에 대한 법을 정해야 한다고 생각한다.

무조건 인공지능과 지능형 로봇이 해치는 존재라고 생각해서는 안 된다. 인공지능이 일하는 시간과 인간이 일하는 시간을 나누어서 일하게 하는 것이 좋은 것 같다. 인공지능과 공존할 수 있는 대응책을 내어 같이 일할 수 있도록 하는 방법을 찾는 것이 중요하다고 생각한다(대학생 P).

로봇 시대를 모든 사람이 반갑게 맞이할까?

아마 그렇지 않을 것이다. 점점 인간의 일을 로봇으로 대체하는 경우가 많아지고 있다. 이로 인해 많은 사람이 직장을 잃었고, 앞으로도 더 많은 사람이 직장을 잃게 될 것이다.

이 사태를 극복해나가기 위해서는 로봇은 할 수 없고, 인간들만이 할 수 있는 일들을 찾아 그 분야에 집중해야 할 것이다. 그렇다면 그런 일들에는 무엇이 있을까?

심리상담사 같은 사람들과 대화하며 공감을 하는 일들을 로봇이 수행하기에는 어려움이 있지 않을까? 로봇은 기계적인 일을 수행하는 데에는 효율적일지 몰라도 로봇은 마음이 없기 때문에 정서적인 활동을 수행할 수 없다. 우리는 앞으로 이러한 일들에 집중해야 할 것이다. 이런 시대 속에서도 사람의 손길을 그리워하는 사람들은 분명 존재할 것이다. 그렇기에 이런 틈새시장을 이용하는 것도 하나의 방법이라고 생각한다(대학생 Y).

로봇이 인간의 자리를 모두 뺏어 실직자가 늘어난다면 인간의 자리를 만들어달라는 시위를 벌이거나 참여할 것 같다. 인공지능의 자리와 인간의 자리는 모든 것이 공존하여서는 안 되고 분배가 되어야 한다고 생각한다(대학생 S).

만약에 어려움을 준다면 개인이 대응하는 것은 힘들 것 같다. 지금부터 준비해서 법안과 정책안들이 빨리 나오길 바란다(대학생 N).

만약 주변 사람이 1인시위를 하겠다고 하고 너무 힘들어한다면 나도 피켓을 들고 옆에 서 있을 것이다. 또는 어려움을 겪은 당사자가 아니더라도 주변 다른 사람이 그 회사의 인공지능 관련 제품을 쓰려고 고민 중이라면 나의 지인, 친구가 그 일자리에서 해고가 되었다는 사실을 알려줄 것이다.

로봇과 인간이 공존하며 노동할 수 있는 환경에 대해 청원이 올라온 것을 봤다면 동의를 할 것이고, 주변 사람이 일자리를 찾지 못해 슬퍼하고 있다면 응원의 말 한마디를 하고 싶다. 또는 일자리가 있음에도 용기를 내지 못하거나 주저하고 있다면 기운을 북돋아 줄 것이다. 법적으로, 사회적으로 큰 힘을 끌어내지 못하는 상황이라면 카페에서 한번 만나든지 해서 이야기를 들어주고 싶다(대학생 H).

인공지능이나 지능형 로봇이 인간의 일자리를 빼앗을 수는 있지만 그만큼 기술의 발전이 일어나다 보니 또 다른 일자리가 생겨날 것이다.

예를 들면 인공지능을 만드는 직종, 조종할 수 있는 직종 등 여러 가지 직업을 활용할 수 있게 될 것이다. 만약 그에 대한 직업도 인공지능이 빼앗게 된다면 영국에서 일어났던 러다이트 운동을 미래에 해야 할지도 모른다고 생각한다. 여기서 러다이트 운동이란 당시 영국 노동자들은 그즈음 보급되기 시작한 방직기와 증기기관이 자신들의 일자리를 없앨 거란 위협을 느끼고 기계를 고장 내는 한편 공장을 불태웠다. 이것을 러다이트 운동이라고 한다(대학생 J).

'지능형 로봇이 못하는 일자리를 찾아야 하지 않을까'라는 생각이 든다. 아니면 그 로봇을 사용하는 사업가가 되는 것이 방법이라고 생각한다. 그것도 어렵다면 마음이 맞는 사람들과 운동을 통해 어필하고 정책이 바뀌도록 노력해야 한다고 생각한다. 그래서 지능형 로봇만을 사용하는 것을 금지하고 비율을 조정하는 쪽으로 바꾸어서 최대한 모든 범위에서 지능형 로봇의 유입을 막아야 한다고 생각한다(대학생 K).

인공지능이나 지능형 로봇이 사회에 나와 자리를 차지하게 되면 많은 사람이 일자리를 잃을 것이다. 하지만 그만큼 새로운 일자리 창출이 가능하므로 그 분야에 대하여 알아보고 정부에 건의해서 이 문제에 대한 대책을 논의하고 해결해야 할 것이다. 이 문제가 주변 사람들에게 또는 나에게 새로운 어려움을 가져다줄 거라는 것은 알지만 우리 힘으로는 해결하기 조금은 벅찬 문제이기에 최대한 나라에 제시하는 쪽으로 도움을 받아 새로운 기술을 익히고 다른 분야로 진출하려는 자세가 필요하다고 느낀다.

그리고 일자리뿐만 아니라 자동차 자율주행도 레벨이 올라가면서 성능이 더욱 좋아지겠지만 그렇다고 오류가 아예 없는 것은 아니다. 그렇기에 자율주행 모드로 사고가 발생할 시에는 해결도 어렵고 누군가는 책임을 물어야 할 것이다. 하지만 또 한 편으로는 책임을 물기 어려운 상황이 일어날 것이다. 이

또한 정확한 질서 있는 법규를 만들어서 모두가 살기 좋은 세상을 만들어야 한다고 생각한다(대학생 L).

chapter **10**

점프 업!
라이브커머스

blog
YouTube

"모든 사람은 창의적이다.
그러나 익숙한 것에 머물러 있는 동안은
혁신적인 아이디어가 자라지 않는다.
항상 해 오던 일을 하면 얻던 것만 얻을 수 있다."

베이컨

무엇을 팔 것인가?
당신이 가장 좋아하는 것을 팔아라.

네이버·카카오·쿠팡 쇼핑라이브

네이버 쇼핑라이브는 소상공인 대상 업계 최저 3% 수수료, 카카오 쇼핑라이브는 스튜디오 촬용, 고품질의 방송을 제작한다. KTH의 K쇼핑 TV MCN은 유튜버가 활동 가능한 24시간 다중 채널이며, CJ올리브네트웍스의 라이브라떼는 라이브 쇼핑과 라이브 공연이 결합되어 있고, SK스토어의 SK스토아ON은 TV리모컨으로 검색이 가능하다.

네이버 쇼핑라이브를 라이브커머스 대표라고 부르는 이유

는 방송의 운영이 자유롭고 수수료가 상대적으로 낮으며 네이버 가입자가 약 4,200만 명으로 사용자의 익숙함과 편리함에 있다.

스마트스토어 판매자 등급은 판매 건수와 판매금액에 따라 6등급이 존재한다. 판매 건수 300건 이상, 판매금액 800만 원 이상,「파워등급」이 되면 라이브커머스를 운영할 수 있다.「플래티넘」은 100,000건 이상/ 100억 원 이상,「프리미엄」은 2,000건 이상/ 6억 원 이상,「빅파워」는 500건 이상/ 4,000만 원 이상,「파워」는 300건 이상/ 800만 원 이상,「새싹」은 100건 이상/ 200만 원 이상,「씨앗」은 100건 미만/ 200만 원 미만이다.

한 번 등급을 충족하면 몇 번이고, 자신의 가게에서, 길거리에서, 산에서, 바다에서, 물건이 있는 어디서든 방송이 가능하다. 네이버는 자체 제작을 최대한 지양하고 제조사나 대행사를 통해 장소에 상관없이 직접 방송을 진행하는 방안을 제시한다. 네이버 쇼핑라이브 방송 시간은 보통 30분에서 2시간이며, 오전 10시부터 오후 11시까지 언제든 방송이 가능하다. 방송 진행 방식은「파워등급」이상 누구나 진행 가능한 챌린지와 쇼핑라이브 내 상단노출이 되는 기획전이 있다.

챌린지 채널에서 잘 팔린 상품이나 잘 팔릴 가능성이 높은 제품을 선발하여 기획전을 여는데, 매주 판매자가 지원하면 네이버 내부에서 검토하여 진행한다. 기획전의 경우 대형 대행사가 함께 참여하기 때문에 적극적인 마케팅을 한다. 1시간 동안 유입되는 인원이 수만 명에 달하는 등 판매량이 급격히 증가하여 홍보에 큰 도움이 된다.

카카오는 작은 홈쇼핑이라 부른다. 정해진 스튜디오에 직접 고용한 직원들이 제작하며, 구성원 중에 기존의 홈쇼핑 출신이 많다. 진행자는 쇼호스트보다 셀럽과 인플루언서 중심으로 섭외를 하며 물건을 입점하고 자체적으로 방송을 하는 등 홈쇼핑과 큰 차이가 없다. 수수료율이 약간 높은 편이며 좋은 장비를 활용하기 때문에 옷의 색감, 음식의 빛깔이 선명하고 방송화면 분할, 앵글, 다양한 각도로 연출이 가능하다.

카카오톡을 켜면 친구목록이 뜬다. 그날 생일인 친구가 상위에 표시된다. 커피 쿠폰 등 쉽게 「카카오톡 선물하기」를 할 수 있다. 제철 과일, 건강기능식품, 한우, 떡, 마카롱 등 선물의 종류도 다양해지고 있다.

「카카오톡 쇼핑하기」에서는 2인 이상 공동구매와 고객 맞춤 할인 혜택도 제공된다. 카톡 친구가 구매한 후 만족한 상품의 리뷰도 검색이 가능하다. 관심 있는 스토어 구독을 통해 신상 소식을 받을 수 있다. 아직 대중적이지 않으나 앞으로 스며들 것으로 예상한다.

「쇼핑하우」는 쇼핑 검색이 가능하다. 제품 하나를 검색하면 최저가, 관련 브랜드, 상품평 등을 알려줄 뿐만 아니라 가격변동이 있는 제품의 경우 언제가 구매 적기인지 쇼핑 타이밍도 알려준다.

카카오 커머스의 서비스는 현재 라이브커머스와 큰 관계는 없지만 최근 「카카오 for비즈니스」를 개설하였고, 앞으로 라이브커머스와 융합할 수도 있다. 우리의 최종 목표는 제품 판매(고객 확보)이기 때문에 제품을 파는 플랫폼을 많이 알면 성공의 지름길을 볼 수 있다.

네이버의 경우 라이브커머스만의 생생함과 자연스러우면서 친근함이 장점인 반면에 카카오 쇼핑라이브는 네이버보다 좌우 화면 비율이 넓고, 화면의 퀄리티도 뛰어나다. 화질도 좋으며, 송출이 매끄럽고 제품 구성에 대한 설명도 한 눈에 보기 쉽다. 하지만 진행 가능한 방송 수가 적기 때문에 다른 인지도가 높은 상품과 경쟁하며 내 상품이 MD에게 선택될 때까지 기다려야 한다. 개인사업자나 소상공인에게 진입장벽이 높은 편이다. 「잘 갖추고 다듬어진 방식의 카카오」가 좋은가?, 「기존의 틀에서 벗어난 네이버」가 좋은가? 정해진 답은 없다. 자신이 좋아하는 쪽을 선택하면 된다.

나는 크리에이터 역할을 할 것인가? 판매할 제품을 보유한 셀러(벤더)로 할 것인가? 쿠팡은 2021년 1월 14일 첫 베타 서버를 오픈하여 실시간 방송을 진행하였다. 쿠팡에서 크리에이터에게 상품리스트를 발송하고 크리에이터는 원하는 시간을 선택하여 임의 선출 진행을 맡긴다.

네이버는 상품의 주인인 회사의 CEO, 직원, 외부 인원 등 누구나 언제든지 방송할 수 있는 플랫폼인 반면에 쿠팡은 내 상품을 쿠팡에 입점하면 입점한 상품의 판매방송을 쿠팡에 등록된 크리에이터가 대리하는 방식이다. 다시 말하면, 상품 주인인 셀러가 자신의 상품을 직접 방송을 할 수 없다.

쇼호스트이면서 상품을 보유한 판매자라면 「셀러」로 쿠팡에 등록하고, 따로 「크리에이터」로도 등록해야 한다. 내가 다른 회사의 상품을 방송하면서 누군가 내 상품을 방송할 때까지 기다려야 하는 구조다.

쿠팡은 방송편성을 직접한다. 카카오보다 개방적이며 네이버보다는 폐쇄적이다. 자체 크리에이터를 모집하고, 판매금액의 일정 부분, 2020년 1월 기준으로 판매금액의 5% 수준으로 크리에이터에게 준다. 크리에이터는 사업적인 측면보다 방송에 집중하고 진행만 담당하는 것이 다른 플랫폼과 가장 큰 차이이다.

쿠팡라이브에서 셀러로 활동하려면 입점은 필수이다. 네이버 검색창에「쿠팡윙」이라고 검색하고, 쿠팡 판매자 입점 홈페이지에서「입점 신청하기」를 클릭한다. 네이버 검색창에「쿠팡라이브 크리에이터」 치면 Coupang Live Platform이 검색된다. 쿠팡라이브「벤더」는 네이버 쇼핑라이브처럼 쿠팡에 입점할 때 사용한 아이디를 연동시켜서 셀러로 가입이 가능하다.「크리에이터」는 입점한 스토어가 없더라도 진행자로서 가입할 수 있다.

쿠팡의 아이덴티티는「로켓」이다.「마음이 급한 사람은 쿠팡에서, 저렴한 가격에 사고 싶은 사람은 네이버에서」. 소비자는 합리적인 가격이 중요하지만, 빠른 배송에도 예민하다.

라이브커머스에 필요한 +α

기본 장비에 최소한의 세팅에 충실하라. 배경은 최대한 깔끔하게, 최신 스마트폰도 충분히 화질이 좋은 편이다. 마이크는 먹는 방송, 장난감 방송일 경우에 필요하며 조명 그리고 좁은 공간에서 촬영할 경우 디퓨저(기본: 흰색, 불투명, 비닐재질)가 있으면 좋다.

혼자 방송 진행 시에는 먹는 화면이나 소리 등 클로즈업이 어렵다. 촬영담당자가 있으면 좋다. 이때 꼭 전문가일 필요는 없다. 앵글에는 여백의 미가 필요하다. 송출화면을 본다면 위는 방송의 제목이 고정되며, 아래는 댓글이 계속 올라오기 때문에 진행자와 제품을 화면에 꽉 차게 잡지 말자.

피켓에는 구성품, 가격, 방송 중 혜택, 방송 중 이벤트를 쓴다. 진행자 닉네임 이름표는 필수가 아니지만, 진행자들끼리 닉네임으로 방송하면 시청자들도 친숙하게 느끼고, 채팅창도 더 활발하게 움직인다.

푸드 라이브 진행자는 머리를 단정하게 한다. 푸드는 위생과 직결되기 때문에 머리를 만지는 모습을 보이면 좋지 않다. 그리고 짙은 메이크업, 화려한 액세서리와 네일은 피한다. 짙은 립스틱을 바른 진행자가 음식을 맛있게 먹는 장면을 연출하는 것에 한계가 있다. 건강식품 영양제류는 하얀 가운을 입고, 맑고 밝은 피부로 전문가 이미지로 진행한다.

네이버쇼핑 라이브를 보다 보면 카메라 여러 대, 중간중간 자막도 들어가는 방송을 보았을 것이다. 그 방송은 어떻게 하는 것일까? RTMP(Real Time Massaging Protocol)을 사용한다. 이것은 비디오나 오디오 등을 인터넷상에서 실시간으로 스트리밍 데이터를 전송해 불특정다수가 받아볼 수 있도록 하는 방법으로 네이버 서비스는 제공하지 않는다. 그래서 플랫폼에서 비용이 발생한다.

오프닝 멘트는 머리가 아닌 입이 기억할 정도로 외워야 한다. 처음에는 카메라에 나오는 내 모습이 어색하겠지만 익숙해져야 한다. 방송화면이 나오는 큰 화면이 없다면 「셀카모드」로 화면을 직접 보면서 해보는 것을 추천한다. 그런데 셀카모드로 촬영을 하게 되면 화질이 떨어진다는 것을 유의하자.

커머스 화면이 세로가 많은 이유는 무엇일까? 1920×1080, 가로 비율 화면에 우리는 익숙하다. 영상만 볼 경우 가로가 넓은 화면이 좋지만, 화면을 보면서, 예를 들어 채팅, 상세페이지 보기 등 다른 행동을 해야 한다면 세로가 편하다.

라이브커머스의 가장 중요한 목적은 구매이다. 구매버튼으로 이동하기 쉽게 세로로 하는 것이다. 세로화면은 기존의 가로 화면보다 좁고 길어서 2명이 방송하면 가까이 붙어야 한다. 앉아서 제품을 소개하고 제품 상세이미지를 보여준다면 카메라에 더 신경 써야 한다. 제품이나 인물이 카메라에서 벗어날 수 있다. 세로화면은 전체적인 코디를 보여줘야 하는 패션, 인테리어 방송에 적합하다.

셀링포인트, 즉 USP(unique selling point)는 물건을 팔 때 중점적으로 집중해서 강조할 포인트이다. 단순한 판매 포인트를 넘어선 이 물건만의 고유 셀링 포인트를 찾아야 한다.

「양념장어」를 사는 소비자는 간편하지만, 영양가 있는 집밥을 차려 주고 싶어서, 「명품도마」를 구입하는 고객은 도마의 견고함이나 재질보다 SNS에 예쁘게 나올 목적으로 구입하는 경우가 많으며 「명화」는 집안 분위기를 갤러리로 꾸미고 싶은 마음에 산다.

단순한 경험은 판매페이지 구매 후기를 통해서 알 수 있다. 라이브커머스에서는 이 제품이 너무 좋아서 내가 느꼈던 점을 시청자에게 실제 보여주고 알려주는 경험을 말하라.

라이브커머스의 차별화는 댓글이다. 시청자와 즉각적인 소통이 제일 중요하다. 즉, 피드백은 말과 행동으로 즉각적으로 보여준다. 이것은 친밀감과 흥미를 느끼고 끝까지 시청하는 원동력이 된다. 정보 전달에 치우쳐 급하게 보여주기도 하는데 식품 외 뷰티나 패션 잡화 등에서는 디테일하게 잘 전달하는 것이 중요하다. 차분히 제품을 보여줘라. 이럴 때 네일은 깔끔해야 세련된 이미지에 도움이 된다.

고객이 악성 댓글(인신공격)로 채팅창을 도배한다면 대응해야 한다. 만약 A/S 연락이 되지 않고 사후처리가 되지 않았다고 한다면, 구매자의 이름과 연락처를 남겨주면 곧 "이 부분을 처리해 드리겠다. 그동안 불편한 부분들도 편하게 방송에서 얘기해주면 이것도 즉각 해결해 드리겠다"라고 대처하라.

요즘 소비자들은 똑똑하다. 말로 현혹해 강매하려는 것이 아니라 직접 물건을 볼 수 없는 소비자들에게 시연하여 보여주는 것, 궁금한 부분을 알려주는 것으로 생각하며 진행하고 구매를 강요하지 마라. 재미로라도 시청자를 1시간씩 머무르게 하는 힘이 필요하다. 당장 방송에서 구매를 하지 않더라도 방송을 본 그들은 잠재고객이다. 정보를 전달하는 것에 너무 치우치지 마라. 쉽게 설명하는 사람이 프로이다.

우리가 교과서나 책이 있어도 왜 인터넷 강의를 볼까? 이해가 잘되지 않는 것을 이해하고, 더 쉽게 알기 위함이라는 것을 명심하자. 라이브커머스를 할 때 제품 관련 퀴즈를 내거나 제품명으로 삼행시 짓기, 가장 재미있거나 적극적으로 댓글을 다는 시청자를 선정하거나, 깜짝 타임 세일, 구입 후 SNS에 후기를 남기는 시청자 선정하기(필수 해시태그 공지) 등의 이벤트를 진행하면서 시청자의 관심을 끄는 것이 좋다.

스타벅스 CEO 하워드 슐츠는 "스타벅스가 새로 만들어 낸 것은 아무것도 없다. 하지만 스타벅스는 완벽한 경험을 고객에게 제공한다. 즉, 커피를 제공하는 것이 아니라 커피를 통해 고객에게 만족할 만한 경험을, 기억을 주는 공간이 되는 것이다"라고 말한다. 인간중심의 경영 철학을 가지고 단순하게 매출만 높이고자 하는 것이 아니라 기업이 추구하는 방향이 소비자에게 제공되는 가치와 연결된다면 큰 영향을 줄 수 있다고 이야기하고 있다.

광고 가이드라인의 「금지어 대체단어」를 살펴보자. 「다이어트보조제」는 「다이어트에 도움이 되는 건강기능식품」으로 「알약」은 「캡슐」로, 「변비, 쾌변」은 「화장실 문제가 해결되었어요」라고 쓴다. 「붓기, 부기, 부종」은 「수분이 빠지다, 몸이 가벼워지는 느낌」으로 「효과가 좋아요, 효능이 좋아요」는 「도움을 주는 것 같아요」라고 대체한다.

라이브커머스 기획서를 작성할 때는 우선 영상제목과 진행자를 쓴다. 「새해맞이 홈파티 최강 아이템 핫 세일」과 「손질 전복으로 만드는 특별한 홈파티」 2가지 중 어떤 제목이 나을까? 제목은 소개하는 상품이 잘 드러나도록 하는 것이 좋다. 「새해맞이 홈파티 최강 아이템 핫 세일」은 끌리는 제목이지만, 어떤 상품을 소개할지 드러나 있지 않다. 「손질 전복으로 만드는 특별한 홈파티」 처럼 판매할 상품을 알려주어야 구매를 원하는 시청자의 클릭수가 증가할 것이다. 백종원과 함께하는 미식여행, SSG로 미리 준비하는 설 선물 등 브랜드 제품이라면 브랜드명을 앞에 쓰는 것이 좋다.

소스 무료 증정, 20% 할인 혜택, 쿠폰제공 등 방송 구매 포인트를 고려하고, 요리하며 레시피를 제공할 것인지, 리뷰 소개는 어떤 방식으로 진행을 할 것인지 구체적으로 작성한다. 기획서를 토대로 진행 시나리오를 쓴다. 진행 시나리오에는 환영인사 및 진행자 소개, 제품소개, 제품구성 안내, 제품시연 및 시청자와의 소통방법, 고객이 해야 할 행동을 쓴다. 이제, 마케팅을 전공한 4명의 대학생이 작성한 라이브커머스 진행 시나리오를 읽어보자.

"곱창밴드(패션잡화) 진행 시나리오"

제가 오늘 소개할 아이템은 요즘에 핫한 헤어 아이템입니다. 헤어 아이템이 궁금하시죠? 바로 소개하겠습니다. 그것은 바로 이 곱창밴드입니다. 제가 지금 들고 있는 이것이 곱창밴드인데요. 꼭 도넛 모양 같지 않나요? 네. 맞습니다. 둥글고 긴 도넛 모양의 귀여운 머리끈입니다. 길을 지나가다 보면 다양한 종류의 도넛 모양으로 된 머리끈을 보셨을 텐데요. 특히 연예인이나 셀럽들이 많이 착용해서 핫한 헤어 아이템이 됐죠.

그러면 이 곱창밴드를 소개해 드리기 전에 일단 혜택을 알려 드리겠습니다. 지금 라이브커머스를 제가 진행하는 동안에만 이 혜택이 적용됩니다. 곱창밴드 2개를 구매하시면 1개를 무료로 드리겠고요. 또 한 가지 혜택은 바로 무료배송입니다. 보통은 10,000원 이상 구매 시 무료배송이 되는데 라이브커머스를 하는 동안에만 무료배송을 해드릴 거예요. 너무 좋은 혜택 아닌가요? 지금 바로 구매하시면 2개 구매 시 1개 더 증정해 드리고 무료배송까지 받아보실 수 있습니다.

가격은 2개 8,000원입니다. 거기에다 1개를 더 드리니까 총 세 개가 배송됩니다. 라이브커머스가 끝나면 혜택 없이 구매를 하시는 겁니다. 하지만 지금 구매해 주시면 정말 좋은 혜택으로 구매하실 수 있습니다. 이렇게 2+1 구매 혜택과 무료배송까지 해드리니까 많은 관심 부탁드립니다.

다음으로는 리뷰 이벤트가 있습니다. 구매 후에 상품을 배송받으신 후에 정성스럽게 리뷰를 올려주시는 다섯 분을 추첨해서 집게핀을 보내드리겠습니다. 그러니까 구매 후에도 정성스러운 댓글 후기 부탁드립니다.

배송에 대해 말씀을 드리겠습니다. 곱창밴드는 랜덤박스로 배송이 진행됩니다. 컬러나 펜던트 모양이 랜덤박스로 배송이 갑니다. 하지만 걱정하실 필요가 없는 이유가 색이 너무 다양하고 예쁩니다. 골드 펜던트가 들어가서 더 마음에 드실 겁니다.

“일반 머리끈과 곱창밴드는 뭐가 다른 건가요?”라고 많이 물어보셔서 알려드리겠습니다. 일반 머리끈과 곱창밴드의 차이점을 보자면 일반 머리끈은 2~3일 정도 쓰면 끊겨서 버리는 것이 일입니다. 일반 머리끈은 2~3번 묶으려고 하면 머리 땅김이 심해서 두피가 약하신 분들은 머리카락이 잘 뽑혀서 불편하시잖아요?

곱창밴드는 그런 걱정이 없습니다. 고무줄이 끊어짐이 없고, 머리 땅김이 없어서 두피가 약해도 쓰시기 좋은 것 같아요.

그리고 일반 머리끈과 같이 곱창밴드도 짱짱한 고무줄이라서 2번만 묶어도 잘 묶입니다. 한 번도 곱창밴드를 사용 안 해 보셨다면 구매하여 사용해 보세요. 딱 써보시면 일반 머리끈과 곱창밴드의 차이를 알 수 있습니다. 곱창밴드 하나로 꾸민 듯 안 꾸민 듯한 느낌으로 사용하시기 좋은 머리끈입니다.

이제 곱창밴드를 바로 소개해 드리겠습니다. 많이 기다리셨죠? 많이 기다리셨을 분들을 위해서 제가 설명을 빨리 진행하도록 하겠습니다(사진을 보여준다).

일단은 곱창밴드의 소재를 보니까 되게 부드러워 보이죠. 이 소재는 바로 벨벳 소재입니다. 그래서 더 따뜻해 보이고 포근해 보이고 고급스러워 보이는 소재입니다.

이제는 벨벳 곱창밴드의 컬러를 소개하겠습니다. 와~ 컬러가 정말 다양하지 않나요? 세어보니까 컬러가 한 개, 두 개, 세 개, 네 개, 다섯 개, 여섯 개, 일곱 개, 여덟 개나 있네요! 컬러가 정말 다양한데요. 8가지의 컬러를 소개해 드리겠습니다. 핑크, 오렌지, 와인, 네이비, 베이지, 브라운, 그레이, 블랙까지 이렇게 총 8가지의 컬러로 다양하게 만나보실 수 있습니다. 부담스럽지 않고, 심플한 단색 컬러들로 구성이 되어있네요. 8가지의 컬러에 벨벳 소재의 곱창밴드로 고급스럽게 착용하실 수 있습니다.

여기에다 제가 펜던트를 달아 자체 제작하여 보내드립니다. 펜던트를 보여드릴게요(사진을 보여준다). 여기 보세요. 펜던트는 골드색으로 되어있고, 모양은 3가지 종류입니다. 골드색 펜던트가 너무 이쁘네요.

펜던트 모양을 보면요. 모양은 둥근 사각 모양, 막대 모양, 타원 모양이 있습니다. 골드색이라서 모양 상관없이 다 예쁘네요. 곱창밴드에 이어서 골드 펜던트마저 고급스럽네요. 이렇게 벨벳 곱창밴드의 골드 펜던트가 들어갑니다. 그래서 밋밋하지도 않고 예쁘게 사용하시기 좋겠네요. 너무 예쁜 디자인이네요.

곱창밴드를 구매하셔서 직접 받아보시면 더 만족하실 겁니다. 벨벳 소재에다가 골드 펜던트가 들어가서 고급스러운 느낌이 더해져 구매해서 받아보시면 잘 샀다는 생각이 드실 겁니다. 특히나 여성분들에게 선물하면 좋고요. 긴 머리나 단발머리도 예쁘게 쓰실 수 있습니다.

여학생분들의 경우에는 생일선물이나 우정 템으로도 정말 좋을 것 같아요. 또 위에서 말했듯이 두피가 약하신 여성분들 모두에게 추천해 드립니다.

지금 온라인 커머스 방송 시간이 얼마 남지 않았습니다. 구매 못 하신 분들은 시간이 남았으니까 구매하시길 바랍니다. 시간이 조금밖에 남지 않았습니다. 구매하실 분들은 지금 바로 구매해 주시길 바라고요. 구매하시는 동안에 혜택이나 컬러를 다시 짚어보고 마치겠습니다.

곱창밴드의 혜택은 지금 2개를 구매하시면, 1개를 더 드리고요. 무료배송도 해드립니다. 원래는 2개 8,000원입니다. 하지만 오늘은 두 개를 구매하시면 한 개 더 드리고 있습니다. 온라인 커머스가 종료되면 원래 가격 2개에 8,000원에 구매하셔야 하니까 지금 구매하시면 3개를 받아보실 수 있는 좋은 혜택입니다.

곱창밴드의 소재는 벨벳 소재이고, 8개의 컬러가 랜덤으로 배송됩니다. 핑크, 오렌지, 와인, 네이비, 베이지, 브라운, 그레이, 블랙으로 총 8가지 컬러입니다. 3가지 모양 골드 펜던트 모양은 둥근 사각 모양, 막대 모양, 타원 모양이 랜덤으로 자체 제작되어 배송됩니다. 배송은 랜덤박스지만 색이 너무 무난해서 착용해 보시면 더 만족하실 수 있을 거고요. 최대한 색이 겹치지 않게 배송해 드릴 거예요. 조금씩 색이나 펜던츠가 겹칠 수 있지만 그래도 다른 느낌의 곱창밴드의 느낌을 받아 보실 수 있습니다.

오늘 이 시간이 끝나가네요. 구매하신 분들은 배송을 받으시면 후기 부탁드립니다. 정성스러운 후기를 통해 추첨을 하여 5분에게 집게핀을 보내드리니까 많은 참여 부탁드립니다. 그러면 이상으로 마치겠습니다. 감사합니다.

"다이어리(문구) 진행 시나리오"

안녕하세요? 혹시 다들 내년 한 해를 어떻게 보내실 계획이신가요? 저는 아마 학교에 다니느라 바쁠 것 같은데요. 매주 과제도 해야 하고 시험도 준비해야 하고 많이 바쁠 것 같은데 그렇게 바쁠 때 스케줄을 잊지 않기 위해서 꼭 필요한 것이 있죠? 바로 다이어리입니다!

우선 (겉표지 보여주고 설명), 구성은 먼슬리 위클리 메모 순으로 되어있고 위클리 칸이 넓어서 바쁜 날 일정 정리하기도 편하고, 가볍게 짧은 일기를 쓰기도 좋습니다. 그리고 속지도 굉장히 심플하고 깔끔한 디자인이라 깔끔한 거 좋아하시는 분들은 이대로 쓰셔도 너무 좋을 것 같고 좀 아기자기한 거 좋아하시는 분들은 스티커를 붙이거나 해서 꾸며서 사용하기도 좋은 디자인이에요. 겉에 커버가 씌워져 있어서 쉽게 오염되지 않고 커버 안에 엽서나 추억이 담긴 사진 같은 것을 넣어서 사용하셔도 좋을 것 같아요(제품소개, 디자인 구성소개, 활용법 소개).

그리고 특별히 이번 라이브를 보고 계신 시청자분들에게만 드리는 혜택이 있습니다! 쿠폰창에 라이브 '할인쿠폰'이라고 입력하신 후 등록하시면 10% 할인을 적용해서 구매하실 수 있습니다. 이 쿠폰은 이 라이브에서만 드리는 것이고 기간이 정해져 있기 때문에 본인이 '구매할거다!' 하시는 분들은 빨리 구매하시는 게 좋아요. 이게 할인쿠폰 때문에만 좋은 게 아니라(혜택 소개 10% 할인쿠폰 안내) 구매하시는 분들게, 입금 선착순으로 50분께 추가 사은품으로 3색 볼펜을 드리는 이벤트도 같이 할 예정이에요. 그래서 아까 말씀 드린 대로 구매하실 분들은 오늘, 지금 바로 구매하시는 게 좋을 거 같습니다(선착순 사은품).

가장 중요한 가격은 1개에 8,500원 2개에 16,000원입니다. 하나 구매하셔서 혼자 사용하기에도 저렴한 가격이고 2개 구매하셔서 친구랑 쓰거나 부모님께 선물하기도 좋을 것 같아요.

“마스크(건강관리) 진행 시나리오”

안녕하세요? 최근 코로나 확진자 수가 2,000명이 넘는다는 소식 아시나요?

백신 2차 접종 한 사람이 많아서 마스크를 안 써도 되는 날이 곧 오려나 싶었는데 역시 코로나는 저뿐만 아니라 모든 사람에게 인내를 요구하는 것 같네요. 이런 답답하고 지긋지긋한 코로나를 ‘어떻게 하면 조금이라도 기분 좋게 보낼까?’ 생각하다가 캐릭터 산리오 마스크 상품을 준비했습니다. 아동용 마스크만 파는 거 아니고요. 성인용 마스크도 모두 갖고 왔습니다.

기본 구성 한 상자에 30매이고요. 한 파우치, 비닐 하나 뜯으면 안에 5개의 마스크가 들어있습니다. 질리지 않도록 같은 캐릭터에도 마스크색상이 3가지로 옵션이 기본으로 들어가 있고요. 소, 중, 대 사이즈로 준비되어 있습니다.

그리고 이 방송 시간에서만 특별한 구성이 있습니다. 가족과 다 같이 행복한 외출 시에 어린아이, 어른 모두 낄 수 있게 [매일매일 가족과 함께]라는 세트 구성을 택배로 쉽게 받을 수 있습니다.

그 외에도 아동용 마스크도 단독으로 팝니다. “나는 아이가 없는데?”라는 분들도 걱정하지 마세요. 당연히 성인용 마스크도 따로 팔고 있습니다. 패밀리룩이라고 가족끼리 같은 후드

티나 맞춤 제작한 옷을 입는 경우가 있잖아요? 그럼 요즘 시대에 맞게 코로나니까, 패밀리 마스크로 아이와 가족 모두 귀엽고 이쁜 마스크 끼는 건 어떨지 추천드립니다.

"나는 내가 쓰고 싶진 않은데 내 아이가 끼면 너무 귀엽겠다"라고 하시는 분들, 제가 아까 언급했던 것처럼 아동용 마스크만 주문하셔도 충분히 좋은 선택이라고 생각합니다. 그리고 보시면 한쪽에 캐릭터가 그려져 있어요. 그래서 한 쪽에서는 캐릭터가 보이지 않으니까. 심플하면서도 튀지 않아요. 다들 하얀 마스크를 기본으로 끼고 있는데 뭔가 나만의 시도를 하고 싶은 분들! 저는 주저할 필요가 없다고 생각해요. 이 산리오마스크가 뽀로로처럼 약국이나, 뭐 어디 딴 곳에서 흔하게 파는 게 아니기 때문에 저는 지금 이 방송 보시는 모두 분에게 이 마스크를 소개해 드리는 것이 굉장히 뿌듯하고 좋은 기회라고 생각합니다.

근데, "이쁘다"라는 얘기만 강조하니까. 그럼 그냥 '예쁘고 귀여운 마스크이기만 한 거 아니야? KF마스크 맞나?'라는 의심이 드는 분이 계실 것이라고 생각합니다. Q&A에도 인증 표기가 있냐고 물으신 분이 많았어요. 정말 정말 저도 그런 고객님들의 불안과 걱정을 얼른 해결해 드리고 싶은데 KF94 승인 작업 계획 중에 있어요. 그럼 KF94 기능을 못 하나? 절대 그런 것은 아니고요. KF94와 동일한 국산 원자재로 제작했습니다.

제가 이 제품을 가져온 이유는. 요즘 3중 하얀 마스크 많이들 쓰잖아요? 그건 KF94 마스크가 전혀 아니거든요. 비말 차단 기능이 있으니까, 또는 더 간편하고 숨쉬기 좋아서 쓰고 다니는데 그 마스크도 시중에 정말 흔하게 팔고 다들 사용하고 다니거든요. 3중 마스크보다는 더 안전하고 KF94와 동일한 국산 원자재를 썼고 디자인도 이미 너무 귀여우니까 제가 KF94 승인을 받지 못했다고 아예 안 가져오면 정말 정말 아쉬울 법한 좋은 구성이라 소개하려 가지고 왔습니다.

그리고 다시 한번 강조하지만 동일한 국산 원자재를 써서 기능은 다 하기 때문에 그 불안과 걱정을 조금은 줄여도 되지 않나 싶습니다. 안 그래도 요즘 엄마, 아빠, 아이 또는 친구랑 또는 나 혼자 사진을 찍을 때 마스크 내리기가 눈치 보이기도 하고 다 같이 얼굴 가까이하고 사진은 찍고 싶은데 영~ 사진의 '감성', '예쁨'을 살리기가 쉽지가 않아요.

왜냐하면, 그냥 백지 색깔 하얀 마스크가 기본이니까, 물론 익숙해져서 하얀 마스크에 불만 없이 적응이 되었겠지만, 진짜, 이거 쓰고 거울에서나 셀카나 가족과 함께 찍으면 코로나 때 남긴 순간 중에서 더 돋보일 거라고 생각해요. 형광색이나 그런 것도 아니니까, 은은하면서도 이쁘고 귀여운 디자인을 쏙 갖춘 마스크라고 말씀드립니다.

“한돈 목전지(식품) 진행 시나리오”

와주신 분들 모두 감사드립니다. 먼저 제품소개부터 하겠습니다. 오늘 준비한 상품은 한돈 목전지입니다. ‘목전지’라고 하면 아시는 분들도 계실 테지만 설명해드리면 돼지고기의 목살과 앞다리의 중간 부위라고 생각하시면 됩니다. 이 상품으로 두께를 다양하게 세분화하여 레시피 2가지를 보여드리고 이 레시피에 쓰인 양념을 추가 구성상품으로 별도 구매하실 수 있습니다.

우선 레시피 2종류를 영상으로 보여 드리겠습니다(레시피1 영상자료, 레시피2 영상자료). 고기를 구매하여서 바로 다 먹을 수 없기 때문에 저희가 소포장을 하여서, 진공포장을 해드리겠습니다. 그대로 냉동실에서 보관하시면 오랫동안 보관하시고 드실 수 있습니다. 냉동 보관 해동시에는 1~2일 전 냉장고에서 천천히 해동하시면 됩니다.

전지 1kg 이상을 구매하면 1kg당 레시피에서 보여드렸던 양념을 증정해 드리겠습니다. 구매 후 다 못 드시면 냉동실에 넣어두었다가 고기 드시고 싶은 날에 손쉽게 여러 가지 요리를 즐겨보세요. 감사합니다.

디지털 생각+

라이브커머스 진행과 다른 학생의 라이브커머스를 본 소감

라이브커머스로 다이어리를 팔았는데, 라이브를 진행하면서 잘한 점은 실제 제품이 있어서 보여주면서 설명할 수 있었던 점이 괜찮았던 것 같다. 부족한 점은 질문에 대한 답변들이 대체로 부족했던 것 같고 말을 조금 빨리했던 것 같다. 준비하면서 느낀 점은 대본도 짜기 힘들 것 같았고 어떤 말들을 해야 할지 오랫동안 고민하게 될 줄 알았는데 생각보다 빨리 대본을 짜고 여태까지 제가 봐왔던 장면들이 자꾸 떠올라서 역시 요즘은 온라인 라이브 쇼핑몰이 많이 활성화되었고 내가 그걸 많이 접해 왔다는 것을 느꼈다(대학생 K).

돼지고기를 판매한 학생의 경우 실제 가족이 정육점을 하고 있어서 신뢰감이 들었고, 차분하게 잘 설명해 주어서 돼지고기 부위에 대한 이해와 요리를 어떤 식으로 하는지 쉽게 알게 되었다. 에어팟 프로를 판매한 학생의 경우 즉흥적으로 했는데도 당황하지 않고 매우 영업을 잘하였다. 애플을 실제로 좋아하는 사람이 호스트라서 물건에 대한 신뢰와 호기심이 생겼다.

크림을 판매한 학생은 실제로 크림을 많이 사용 중인 사람이고 피부가 좋아 보여서 신뢰가 들었다. 과한 멘트보다는 담담하게 잘 설명해 주어 편하게 구입하고 싶은 마음이 들었다. 티셔츠는 가격이 다소 비쌌지만 그럼에도 억지로 판매하려고 하는 것이 아닌 티셔츠 자체가 좋은 의류, 브랜드임을 강조하여 자연스럽게 호기심이 생겼고 관심이 들었다(대학생 E).

내가 소개한 것은 20대 남성 전용 코트이다. 제품에 대하여 설명을 진행할 때 장점과 단점 등 제품에 대한 특징, 기능에 대한 설명을 잘 진행한 것 같다. 단점으로는 출시가 너무 늦으며, 왜 출시가 늦은 가에 관해서 설명을 잘 못 한 것 같아 10년이 지난 이후에 출시를 한다는 것에 대한 설명이 더 들어가야 하며, 출시를 5년 이하로 하여 출시를 할 수 없는가에 대한 진행이 거쳐야 할 것 같다(대학생 S).

대본과 마스크파우치(비닐)를 준비해서 어려움 없이 멘트를 말하고 진행했다. ppt를 준비한 것은 아니었지만 실제 판매 사이트 창을 열어서 설명을 해주었다. 만약 마스크가 있었다면 다들 써보라고 나눠주고 진행하면 더욱 즐거웠을 것 같다(대학생 Z).

커스텀 브랜드라는 것은 생소한 부분이 많아서 소개하기 어려울 것 같지만, 자신만의 발표기술로 잘 설명한 것 같아서 배우고 싶다. 다이어리라는 제품에 대한 설명을 진행할 때, 다이어리를 가지고 와서 보여주면서 설명하는 능력에 대하여 배우고 싶다. 비즈에 대하여 소개를 ppt로 진행하였는데 ppt를 구성하는 능력에 대해서 배우고 싶다. 실제 호떡을 이디야에서에서 구매를 하여 가지고 와서 보여주는 모습을 통해 '준비하는 자세가 되어있구나'라고 생각했으며, 준비하는 자세를 배워야겠다고 다짐했다(대학생 A).

참 / 고 / 문 / 헌

- 강진영 외(2020). SNS마케팅. 제이펍.
- 고은희 외(2020). 한 권으로 끝내는 쇼핑몰창업&운영 바이블.정보문화사.
- 권성희 외(2021). 지금 당장 라이브커머스 시작하라. 헤르몬하우스.
- 김난도 외(2021). 트렌드 코리아 2022. 미래의창.
- 김도균(2021). 네이버쇼핑 스마트스토어로 상위노출하라. 휴먼하우스.
- 김서현(2018). 생초보, 인스타그램 하루 만에 끝장내기. 라온북.
- 김영갑, 강상현(2019). 온라인 마케팅 실무. 이프레스.
- 라이브킹(2021). 라이브커머스. 좋은땅.
- 박선미(2020). 디지털 자녀와 아날로그 부모를 위한 대화법. 따스한이야기.
- 박선미(2020). 유튜브 1인방송의 모든 것. e퍼플.
- 박선미 외(2021). 평생교육 브랜드가치 더하기. 한국평생교육사협회.
- 안회곤(2018). 4차 산업혁명시대 온라인 생존마케팅. 리텍콘텐츠.
- 오종현(2016). 카카오 마케팅 컨설팅북. e비즈니스북.
- 유선일(2020). SNS마케팅글쓰기. 나비의활주로.
- 이종선 외(2021). 지금은 라이브 커머스시대. 미디어북.
- 이채희(2017). 나는 SNS마케팅으로 월 3,000만 원 번다. 위닝북스.
- 장종희(2020). 나는 SNS마케팅으로 돈번다. 에듀웨이.
- 정진수(2016). 인스타그램으로 SNS마케팅을 선점하라. 나비의활주로.
- 조재형(2020). 콘텐츠빨로 승부하는 SNS마케팅. 아틀라스북스.
- 현세환(2021). 돈이 되는 라이브커머스의 정석. 비즈니스북스.

초판 1 쇄 _ 2022년 2월 11일
지 은 이 _ 박선미
펴 낸 이 _ 김현태
디 자 인 _ 디자이너 장창호
펴 낸 곳 _ 따스한 이야기
등 록 _ No. 305-2011-000035
전 화 _ 070-8699-8765
팩 스 _ 02- 6020-8765
이 메 일 _ jhyuntae512@hanmail.net

따스한 이야기 페이스북, 인스타그램
https://www.facebook.com/touchingstorypublisher
https://www.instagram.com/touchingstory512

따스한 이야기는 출판을 원하는 분들의 좋은 원고를
기다리고 있습니다.

가격 14,000원